大家小书

文言尺牍入门

谭正璧 著

北京出版集团公司
北京出版社

图书在版编目（CIP）数据

文言尺牍入门 / 谭正璧著 . — 北京 ：北京出版社，2016. 7（2024.7重印）
（大家小书）
ISBN 978-7-200-11990-9

Ⅰ. ①文… Ⅱ. ①谭… Ⅲ. ①文言文—书信—写作 Ⅳ. ①H15

中国版本图书馆CIP数据核字（2016）第065354号

总策划：安　东　高立志　　责任编辑：陶宇辰

· 大家小书 ·
文言尺牍入门
WENYAN CHIDU RUMEN
谭正璧　著
*
北京出版集团公司
北京出版社　出版
（北京北三环中路6号　邮政编码：100120）
网　址：www.bph.com.cn
北京出版集团公司总发行
新华书店经销
北京华联印刷有限公司印刷
*
880毫米×1230毫米　32开本　6.875印张　100千字
2016年7月第1版　2024年7月第5次印刷
ISBN 978-7-200-11990-9
定价：56.00元
质量监督电话：010-58572393

序　　言

袁行霈

“大家小书”，是一个很俏皮的名称。此所谓“大家”，包括两方面的含义：一、书的作者是大家；二、书是写给大家看的，是大家的读物。所谓“小书”者，只是就其篇幅而言，篇幅显得小一些罢了。若论学术性则不但不轻，有些倒是相当重。其实，篇幅大小也是相对的，一部书十万字，在今天的印刷条件下，似乎算小书，若在老子、孔子的时代，又何尝就小呢？

编辑这套丛书，有一个用意就是节省读者的时间，让读者在较短的时间内获得较多的知识。在信息爆炸的时代，人们要学的东西太多了。补习，遂成为经常的需要。如果不善于补习，东抓一把，西抓一把，今天补这，明天补那，效果未必很好。如果把读书当成吃补药，还会失去读书时应有的那份从容和快乐。这套丛书每本的篇幅都小，读者即使细细地阅读慢慢地体味，也花不了多少时间，可以充分享受读书的乐趣。如果把它们当成补药来吃也行，剂量小，吃起来方便，消化起来也容易。

我们还有一个用意，就是想做一点文化积累的工作。把那些经过时间考验的、读者认同的著作，搜集到一起印刷出版，使之不至于泯没。有些书曾经畅销一时，但现在已经不容易得到；有些书当时或许没有引起很多人注意，但时间证明它们价值不菲。这两类书都需要挖掘出来，让它们重现光芒。科技类的图书偏重实用，一过时就不会有太多读者了，除了研究科技史的人还要用到之外。人文科学则不然，有许多书是常读常新的。然而，这套丛书也不都是旧书的重版，我们也想请一些著名的学者新写一些学术性和普及性兼备的小书，以满足读者日益增长的需求。

“大家小书”的开本不大，读者可以揣进衣兜里，随时随地掏出来读上几页。在路边等人的时候，在排队买戏票的时候，在车上、在公园里，都可以读。这样的读者多了，会为社会增添一些文化的色彩和学习的气氛，岂不是一件好事吗？

“大家小书”出版在即，出版社同志命我撰序说明原委。既然这套丛书标示书之小，序言当然也应以短小为宜。该说的都说了，就此搁笔吧。

略谈古代书信的格式

刘叶秋

一

现在大家把“书信”当作一个复合词来用，而古代“书”和“信”是有区别的，“书”指信件；“信”指使者，即传达信件之人。汉乐府《古诗为焦仲卿妻作》刘兰芝请母亲谢绝县令派来的媒人：“自可断来信，徐徐更谓之。”来信，就是来说媒的使者。《三国志·魏书·武帝纪》建安十六年：“（马）超等屯渭南，遣信求割河以西请和，公不许。”这里的“信”，亦指使者。“信”的这一意义，常见于汉魏六朝的文献，不能误解为后起义的“书信”。但在《晋书·陆机传》内，“书”和“信”已经结合成词，唐人诗亦多见“书信”，而且有了单单以“信”指函札信件的用法。如王昌龄《寄穆侍御出幽州》：“莫道蓟门书信少，雁飞犹得到衡阳”；贾岛《寄韩潮州愈》：“隔岭篇章来华岳，出关书信过泷流”；元稹《酬乐天叹穷愁见寄》：“老去心情随日减，远来书信隔年闻”；俱以“书信”连言。如果认为此三诗中之“信”仍指送“书”之人，那么下面这首诗里的“信”却无须置疑其为“书”的同义语。元稹《书乐天纸》：“金銮殿里书残纸，乞与荆州元判司。不忍拈将等闲用，半封京信半题诗。”京信加封，显然指物，意思非常明确。可见“信”的函札之义虽系后起，并不很晚。而以“书”指信件的古义，一直沿用至今。写“惠书奉悉”，作为“收到来信”的文言，是常见的。

《昭明文选》分“上书”与“书”为两类。“上书”如秦李斯的《上秦始皇书》（即《谏逐客书》）、汉邹阳的《上书吴王》、枚叔（乘）的《奏书谏吴王濞》等，为向帝王陈述意见的文字，俱以“臣闻”开头，属于奏议的一种。“书”如汉司马子长（迁）的《报任少卿书》、杨子幼（恽）的《报孙会宗书》、三国魏嵇叔夜（康）的《与山巨源绝交书》、梁丘希范（迟）的《与陈伯之书》等等，为私人往来的函札，即今天所说的“书信”。

古时与“书”相近的文体，还有“启”和“牋”（字亦作“笺”），均为奏记一类，略同“上书”和“表”。但不限于对君，亦行于上官尊长及朋友之间。《文心雕龙·奏启》云：“高宗云：‘启乃心，沃朕心’，取其义也。孝景讳启，故两汉无称。至魏国笺记，始云启闻，奏事之末，或谨密启。自晋来盛启，用兼表奏。陈政言事，既奏之异条；让爵谢恩，亦表之别干。”这段话把“启”的取义和作用说得很清楚。因为汉景帝名刘启，所以两汉避讳，不用“启”称，魏晋时才盛行。如梁任彦升（昉）的《为卞彬谢修卞忠贞墓启》，开头称“臣彬启”，对君谢恩；《上萧太傅固辞夺礼启》，开头称“昉启”，对上辞官；可见“启”的一般用处。“昉启”之“启”为陈述的意思。《晋书·山涛传》谓“涛所奏甄拔人物，各为题目，时称‘山公启事’”。启事，也就是“启”。唐韩愈亦有《为分司郎官上郑尚书相公启》《为河南令上留守郑相公启》，沿用此体，以示恭敬，实际与“书”的叙事议论并无明显的差异。故后世多以“书启”连言，不再区分。

“牋”在魏晋南北朝，主要为臣下对后妃及太子诸王陈述之用。如汉杨德祖（修）的《答临淄侯牋》、陈孔璋（琳）的《答东阿王牋》、晋阮嗣宗（籍）的《为郑冲劝晋王牋》、南齐谢玄晖（朓）的《拜中军记室辞随王牋》等，除开头结尾称“死罪，死罪”外，措辞与“书”“启”也没有什么不同。

名称体制之繁琐，主要是封建等级观念所造成。

至于“札”“牍”“简”“帖”之称，最初是各因书写工具而名的。写在木版上的称“札”“牍”，写在竹片上的称“简”，写在布帛上的称“帖”，所以书信又叫“书札”“手札”“尺牍”“简牍”“手简”，等等。称“帖”的如晋王羲之的《快雪时晴帖》、陆机的《平复帖》等，都是书信，后人以“帖”名之，盖兼重其书法。此外因为书信须装入封套，故亦称“函”或“函札”；因为须加缄封，故亦称“缄札”；因为信纸每页八行，自南北朝以来“八行书”即成为书信的通称。名以时异或由指称时各有侧重而不同，实际还是一回事情。

二

书信重在实用，以陈述为主，而论事、抒情、写景等等，无所不宜。作为一种独立的文体，有悠久的传统。《文心雕龙·书记》中说：“详总书体，本在尽言。言以散郁陶，托风采，故宜条畅以任气，优柔以怿怀，文明从容，亦心声之献酬也。”可见写信贵在敞开怀抱，尽所欲言。古代许多流传众口的名篇，如上节提到的司马迁《报任少卿书》、嵇康的《与山巨源绝交书》，直抒己见，发泄愤悒之情，全都酬畅淋漓，毫无掩饰，不愧为显示“心声”之作，有很高的文学价值和史料价值，成为宝贵的文化遗产中的一个重要部分。

书信在长期写作的过程中，逐渐形成了一套约定俗成的格式。像上下款的称呼，因人而异；开头结尾的致敬祝颂之辞，有许多习用语；抬头、空格等等，也有通行的行款；为阅读古代的书札和今人所写的文言信件所应该了解，这里略谈相关的常识，以见一斑。

书信大致可以分为给长辈的（父母、师长、上司等）、给平辈的（兄弟、朋友、同学、同事等）、给晚辈的（子侄、学生等）三种。上款写受信人，下款写作书人，中间叙正文，三种书信均同，为明清以来常见的格式。但汉魏六朝的书札，却都先写自己的姓名，后列受书人。《报任少卿书》的开头“太史公牛马走司马迁再拜言少卿足下”，就是这样。太史公，官名；牛马走，为司马迁自谦之语；再拜，表示行礼；足下，为对任少卿的敬词。下面的“曩者辱赐书，教以顺于接物，推贤进士为务”这一段活，接着任少卿来信的话头，引起下文；末尾只说“书不能悉意，略陈固陋，谨再拜”，不再署名。三国魏文帝（曹丕）的《与朝歌令吴质书》，开头写“五月十八日丕白，季重（吴质字）无恙”，末尾写“行矣自爱，丕白”；

自己署名，前后两见。“白”，是述说的意思。南朝梁丘希范（迟）的《与陈伯之书》，开头写“迟顿首陈将军足下，无恙，幸甚，幸甚”，末尾复书“丘迟顿首”；顿首，示敬，亦前后两见。“无恙”，为正文前问候的通用语。这种先署己名的格式，直到近代仍有人沿用，不过不像先写受信人上款的那样普遍；而对人称字（后来亦称人的别号）不呼名以及在书信的首尾致敬问候的传统，至今还在延续，不过因时世不同、用语有异而已。

给长辈写信，上款当然不具名，旧时在称呼之下要加“大人”，后面还得有敬词和领起正文的习用语，如对父亲，一般上款都写“父亲大人膝下，敬禀者”，末尾写“敬请福安”和“男某某叩禀”的下款。“膝下”之称，专用于父母；“禀”泛指下对上陈述事情，领起正文的“敬禀者”，亦可用于老师和其他尊长。

从前向长辈言事，要措辞恭敬，书信行文，相应地有许多讲究。以对老师说，上款“大人”下的敬词，多用“座下”“座右”“座前”“尊前”“道席”“函丈”（函，为“容”义；函丈，指师生相对，中间有容一丈之地，以便于讲问指点），等等。正文之前，以“敬惟”（惟，亦可写作“维”“唯”，为“思”“想”之义。“敬惟”就是“敬想”，有表示希望的意思）或“恭惟”领头，致意问候。如：“老师大人函丈，敬禀者：违侍经年，时切　高山仰止之思，敬惟　道履康强，凡百顺适为慰！”下面接写正文，叙述事情，就是一种常见的格式。老师为传道授业之人，故称“道履”（“履”指起居行止，实际是说身体）；弟子要侍奉老师，所以没见老师的面说“违侍”或“失侍”；“高山仰止”，亦多以表示想念老师。书信用语之须切合双方的关系和身份，于此可见。又旧时致书上司或做官的尊长，多于上款的“大人”之下写“钧鉴”或“钧座”，末尾写“敬请钧安”。信中于对方的意见，称为“钧旨”，信封上写“某某人钧启”。古以钧陶喻国政，故后来对仕宦的称呼多冠“钧”字，逐渐成为官场的俗套。

作为书信整体结构的一部分，常在叙事完结之后，加上“不具”“不备”“不一一”等，谦称书意简略，不能事事详陈，跟着再用“肃此”“专此”等，以两个字总括一下，然后写请安祝颂的话和下款。如上面所举致老师的信之例，正文末可接“肃此，敬请福安（或“道安”），受业（或“门生”“门人”）某某谨禀”。“肃此”为“恭敬地写了此信”之意，说明叙事已毕。如果下款不用“谨禀”字样，也可以写“肃拜”“再拜”“载拜”（“载”通“再”）、“顿首”“叩首”等，表示恭敬。至于“座下”“座右”“座前”“尊前”等词，对一般尊长都可使用，惟“函丈”仅限于称老师。

三

朋友之间通信，或称仁兄，或称先生，视关系亲疏而定。称呼下面的敬词，一般用“阁下”“执事”“左右”等。其他如对文士用“史席”“撰席”；对将帅用“麾下”或“节下”；对持节的使者或掌节钺的封疆大吏如总督、巡抚亦用“节下”；对做御史的用“台下”；各有特殊含义，但都是表示自谦，不敢直指其人的意思。“足下”，在战国时多以称君主，后来成为书札中的普通敬词，习惯用于比较亲近或年轻的朋友。如果上款不写“阁下”“足下”之类的敬词，即于称呼之下加“大鉴”“惠鉴”“赐鉴”“青鉴”等语，作为开头。“大”是尊称；“惠鉴”“赐鉴”，是说惠予阅览此信；“青”谓青眼，指垂青赐阅；都是客气话。至于末尾的祝颂问候之语，常用的是“安”“祺”“祉”“绥”（“安”“绥”，平安；“祉”“祺”，吉祥、福气）等词。如对文人学者说“敬请文安”，或“道安”“撰安”“敬颂文祺”或“教祺”；对大官显官说“肃颂勋祺”或“勋祉”（上款下写“勋鉴”）；对军队长官说“敬颂戎绥”；对患病之人说“敬请痊安”；对客居之人说“敬请旅安”；对穿孝之人说“敬请礼安”；俱不能乱用。“肃颂”的“肃”，表恭敬；“顺颂”的“顺”，是顺便。说话分寸，也有区别。其他如“敬请大安”或“近安”；“敬颂时绥”或“刻祉”；“顺颂康吉”“敬候起居健吉”“顺祝行止佳胜”等，一般通用。由于古人以三台星比三公，所以尊称别人多加“台”字。如以“台端”称对方，以“敬请台安”加于信尾，以“某某先生台启”写信封，即为旧时书札所习用。“敬颂公祺”或“公绥”也常见于给公职人员的函件中。上下款都写在信末的，多为给熟人的便函。有时信已写完，于纸尾又叙他事，即书“又及”，一般不再署名。

下款署名之下有的写“某启”“拜启”“谨启”“手启”“敬启”“手具”“拜具”“某白”“白疏”，等等。“启”“具”“白”“疏”，为述说、条陈之意。有的写“叩泐”“拜泐”“手泐”等等。“泐”，原指雕刻，引申为书写，“手泐”就是“手写”。但“泐”字之前不加“叩”“拜”等表敬礼之词者，一般仅用于长辈对晚辈。如父与子书，下款常常只写“父泐”。不用“启”“白”等词，在下款署名后以“顿首”“再拜”（或“载拜”）、“百拜”“肃拜”“叩首”等词表示敬礼者，在平辈通信中也很常见。若正居父母之丧，则下款称“制”，不写“顿首”，而用“稽颡”。如清何义门（焯）与友人书，下款即有写“制同学弟焯稽颡”的。清人书札，“顿首”多作草体，好像“十五”两字连写，而将中间一横向下拉长，有如签押一样。

旧时写信，因所谈之事，不愿人知，或其他缘故，不署下款，常作“名心肃”“名心具”，受信人见笔迹即知其为谁，心照不宣。也有写“名单具”“名笺肃”“名另肃”“名正肃”“名另泐”者，则系于此信之外另名附帖（即名片），或另有署名之正函。也有的信件，在末尾书“两隐”或“两浑”，即上下款都略去的意思。其注“阅后付丙”的，是希望看完焚去，免为人见。在天干中“丙”属火，故以“丙”为火的代称。

给子侄写信，比较随便，往往于开头直呼其名，书“某儿见字”，末尾问好与否，也不一定。若致函后进或世交晚辈，则与一般朋友通信无大区别。

四

写信也和一切创作一样，优劣关乎修养。长于文学的人，于此往往信手拈来，不拘一格，多所变通。这里举清乾隆间查声山（昇）给老师的信和袁子才（枚）给吴子修（修）的信各一件（原文手迹，俱见吴修辑刻的《昭代名人尺牍》），说明一下旧时写信的行款。惟原书直写，抄件横排，略有不同耳。

① 查昇谨禀

老师台下：昇自归里以后，

冰兢自守，凛戒循墙，冀告无罪于乡党。但双亲老年多病，甘旨缺如，四壁萧然，号寒啼饿，真有不堪告语者，不得已仍作出游之想。倘来月望前吾

师尚未出门，定当抠侍

函丈，敬承

训示也。马公极推

台爱，卞公尚未谋面。日内有

便函往来，望

赐栽培，感切，感切！

太老师前并候

万安，临禀不胜依恋之至！

门昇载拜

② 袁枚顿首

子修世兄足下：四月中家人从杭州归，接手书知安好为慰！仆病中作明后年重宴琼林鹿鸣诗各十章豫交。年寿，苍苍者未必慨然与之。然诗存集上，则愿了胸中，持寄一册求

和而寄我，必当青出于蓝也。特此拜恳，并询　起居，不备。

五月二十日

查昇的信，开头结尾两处署名，前写“谨禀”，后书“载拜”，略如汉魏之制。其中的“抬头”（指另起行，高出正文），于“老师”“师”“太老师”等对人的称呼，比正文高两字；“函丈”“训示”“台爱”“赐”等敬词，比正文高一字；皆所以表示谦恭而有等差。其以空格示敬者，作用与“抬头”大同小异。吴修是袁枚的世交晚辈，袁枚给他写信，无须像查昇对老师那样尊敬，但袁函称吴为“子修世兄”，于“手

书”“和”等词，虽未高出正文，也全抬头另起，首写“袁枚顿首”，末尾问候起居，仍然具备应有的礼貌。

这篇小文概述书信的体制和用语，意在为青年读者提供一些常识，以便于阅读；并非欣赏旧时的繁文缛节，倡导摹仿。可是从前书信的文明礼貌的传统，似乎还应该继承下来，据说某大学生给家长写信要钱，竟有“限某日以前寄若干元来”的话，好像最后通牒的口吻。这可能属于笑谈，并非事实。但写信不讲辞令，说话没有分寸的，却屡见不鲜。去年一位读者来函，提出几个读史的问题说：“我相信你会认真负责地解答。”话固直率，而语气不免欠妥。至于信封上只写个“某某人收”，名字以下没有“先生”“同志”等任何称呼的信件，也经常从报刊、出版社、学校等文化单位寄来，看了总觉得有些不习惯。加上个称呼，以表示尊重别人和自己，应该不算多余吧？

附：名家尺牍示范

袁枚尺牍

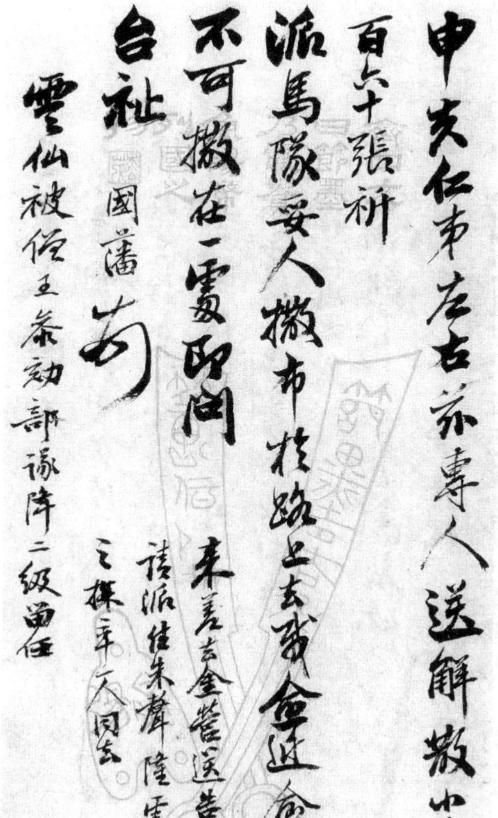

曾国藩尺牍

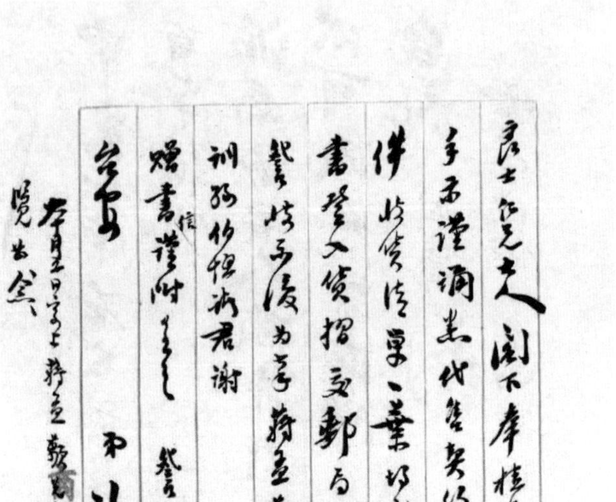

张元济尺牍

傅增湘尺牍

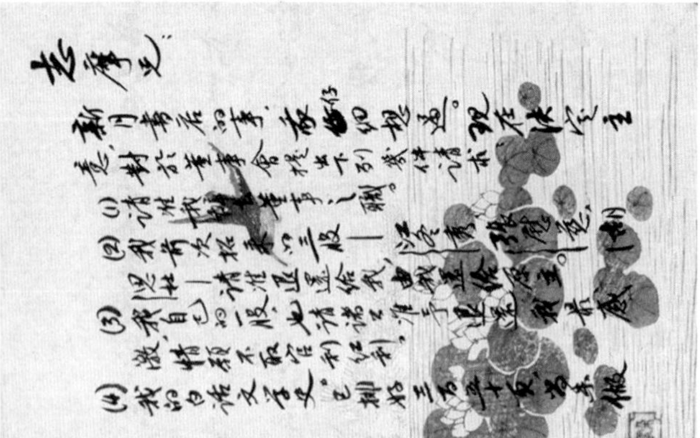

胡适尺牍

目　录

例言

一、本书为进习文言尺牍而设，故曰文言尺牍入门。

二、本书取材，以实用平浅为主；即习俗不可少之套语，亦仍酌量引用；务使雅俗共赏，习诵两便。

三、每篇尺牍后，均附简注；并列语译一篇。俾学者对照参详，有无师自通之乐。

四、本书按照各篇性质，分为四类：

1. 请求类　凡有所请托，有所恳求，有所要约一类之尺牍属之。

2. 陈叙类　凡陈述意见、叙述事迹一类之尺牍属之；劝告亦陈述意见也故附之。

3. 人事类　凡人事所用或述及人事一类之尺牍属之；凡致谢之涉于人事者，则之。

4. 交际类　凡问候、庆贺、唁慰、馈赠一类用于交际之尺牍属之。

五、书后附有称谓、套语两录，学者可依照书中所用，类推而应用之。

第一编　请求类

托带家书

某某先生阁下：自

大驾锦旋，晋谒数次，未及一晤，殊为怅怅！顷晤　令亲某君，述及

尊寓现迁沪滨，与家兄住所，仅一河之隔；“绿杨分作两家春”，此语适堪持赠矣。并悉不日即将回　寓，兹奉上致家兄一函，乞　便饬交舍侄转呈。渎　神之处，容后泥谢。肃此，敬请

装安。

弟某某拜恳　月　日

【注释】

锦旋：取古人衣锦还乡之意。

晋谒：拜见之意。晋，进也。

泥谢：谓头拜到地，犹云泥首拜谢。

【前函语译】

某某先生：

自从你回故里，我曾拜访过数次，没有会晤到你，心里很是不快。刚才会见令亲某君，说及你的寓所，现已搬到上海；同家兄的住处，只有一河的隔离；照这样看来，那末“绿杨分作两家春”的诗句，正可以奉赠你们了。并知你不日就要回寓，兹有给家兄的一封信，请你顺便饬交舍侄转交家兄。费神之处，只好以后谢你了。

弟某某　月　日

托带包裹

某某先生执事：昨诣

尊斋，畅谈竟夕，析疑辨难，获益良多。惜幨帷不能久驻，思

之转觉黯然耳。家叔从商鄂垣，业已有年。兹乘

先生到省之便，乞带包裹一件，信一封，　饬价转交，不胜感

感。有渎　清神，容当泥首，手此，即请

行安。

弟某某拜于　月　日

【注释】

诣：至也。

析疑辨难：解析疑义辨论难题也。

幨帷：车帷也。如言达官来临曰幨帷暂驻。指其车骑而言。

鄂垣：称湖北省城。

【前函语译】

某某先生：

昨天到你书斋里，畅谈了一夜，我所有的疑义，都给你辨析得很是清楚，使我得益不少。但一想到大驾不能久留，心中转觉难过了。家叔在湖北做生意，已有几年。现在趁你到省之便，托带包裹一个，信一封，请你叫用人转交给他。费了你的心，容我日后谢你。

弟某某　月　日

托办枪械

某某先生大鉴：久拟走谒

台端，畅领

教益，只以公务猬集，有愿难偿。殊深歉疚！启者：敝地保卫团所备枪械，均系旧式，倘有风险，颇不适用。曾托某君向某厂另购，嗣以价值过昂，交货又迟，致成画饼。因思

先生制作有年，对于某国器械，又夙有研究；用特不揣冒昧，乞代　办快枪若干支，子弹若干发，从速运交敝县，以备不虞。该价若干，见　示当即汇上。专函布恳，不尽欲言，并请台安不一。

弟某某手泐　月　日

【注释】

猬集：言事多如猬毛之集合也。猬，兽类。

画饼：言事之不成也。

【前函语译】

某某先生：

好久想到你处来谈谈，为了公务忙碌，所以不能够如愿。很是抱歉！现在有一桩事情要恳托你：敝地保卫团所设备的枪械，式旧很不合用。前已托某人向某某厂购办，因为价值太大，交货又迟，所以未成事实。因此想起你对于制造一门，是很有经验的，且对于某国器械，又很有研究；所以不顾冒失，要请你代买快枪若干支，子弹若干发，赶速寄给敝地当局，以备意外之用。价银若干元，见示当立刻汇上。专诚拜托，余话不谈。

弟某某　月　日

托聘教员

某某先生赐鉴：一别

光仪，瞬经数月。每观云树，能不依依。近维

起居佳胜，动定咸宜，为颂无量！某滥竽学界，乏善可陈。迩因敝校同人有赴东考察者，遂缺一国文教员。任此者程度虽不必过高，但教管各方，须兼筹而并顾。

先生桃李满门，不乏品优学粹之人物，意中如有可介绍者，不胜欢迎。月薪未能从丰，约在若干元左右，并以附　闻。肃此布恳，顺颂

讲安。

弟某某鞠躬　月　日

【注释】

仪：容仪也。

瞬：一转眼之谓。

云树：即春树暮云之说。古诗：渭北春天树，江东日暮云。言见了云树即思念亲友之意。

依依：不忍舍之貌。

滥竽：混入之喻。

桃李：喻及门受业之弟子也。

【前函语译】

某某先生：

自从和你分别，转眼又几个月了。每每见到春天的树，晚来的云，总是不能不想起你，近来你的起居动作，我想一定是安好的！我混迹学界，没有什么好处可以告诉你。近来有一位

同事，要到东洋去考察，校内因此少了一个国文教员。担任这个职务的，程度虽不要过高，教管却是要双方兼顾的。先生门下，不少品学兼优的弟子，意中如有可以介绍的，敝校万分欢迎。月薪约在若干元左右，事先也通知你一声。

弟某某　月　日

托招股份

某某先生阁下：前诣　尊斋，屡邀　青睐，饮和食德，感篆五中。比维

隆业日臻，履祺时畅，为慰为颂。某之江寄迹，建树毫无；困守经年，日形窘迫。迩以友人怂恿，合组一煤矿公司，已将次第就绪。为山九仞，一篑尚亏。伏念

先生交游既广，局面又宏，务恳于　贵亲友中，代招附股若干，俾得早日成立。其感激讵有既乎！附上草拟简章数纸，并乞　修正为荷！专此拜恳，不尽缕缕，并颂筹祺。

弟某某谨启　月　日

【注释】

诣：读谊，至也。

青睐：即青眼。

之江：即浙江。

怂恿：音竦勇，为旁人说动之意。

九仞：八尺曰仞。为山九仞，功亏一篑。见《论语》。

【前函语译】

某某先生：

从前到你处，承你殷勤招待，心中很是感激，至今不忘。想你近来的事业和起居，一定很好，我现今住在浙江，一事未曾做得，困守多年，一天窘迫一天。近因友人怂恿，合组一个煤矿公司，已经办有头绪，但是股份方面，还没有足数，因想起你交游很广，局面又大，请你在亲戚朋友中，再代招几股，使我们公司得早日成立，这样，感激真没有尽时了！附上草拟简章数份，请你替我们修改修改！专为这事拜托你，以外的话再谈。

弟某某　月　日

托辨矿苗

某某先生足下：昨奉

琅函，并《辨论地质学》一书，至理名言，络绎腕下，断非夙有经验者不办。钦甚佩甚！某滥竽矿界，卅载于兹，驽钝自惭，毫无心得。兹由某矿山交来金银杂质矿苗数种，某已化验多次，尚未能悉其底蕴；因奉该苗少许，敢请

先生用分析法，辨明其含有金质若干，银质若干，各种杂色成分若干，俾作采取之准则，而某亦得有交代矣。雅托至交，用敢琐渎。事关实业进步，千祈勿却为感！手函奉托，并颂文祺。

弟某某鞠躬　月　日

【注释】

琅：音郎，玉名。称人信札曰琅函，尊重之也。

络绎：音洛亦，言断续不绝也。

腕：音宛，手腕。

滥竽：充数之意。

底蕴：即底里，内容之真相也。

分析：用科学方法将矿物元素分辨明白也。

【前函语译】

某某先生：

昨天奉到你的信，和《辨论地质学》一书，高谈妙论，不是素来有经验的人不能道。钦佩得很！我在矿界中，虽有二三十年的历史，却没有一些学问。现由某矿山交来金银杂质矿苗若干种，我已经化验多次，还没有看得出它的真相；因此把这个矿苗送上，请你用分析法辨明金质银质杂质容属各有多少，使它们可以做采取的准则，我也就有了交代了。你我交好多年，所以敢来烦劳你。事关实业前途，千祈勿延勿却！

弟某某　月　日

托办嫁妆

某某大妹青览：城乡遥隔，音问久疏。手足情深，原不在楮墨间课亲密也。比想　芳闺叶吉，潭第延厘，曷胜额颂。某年将花甲，亟须愿了向平。二小女出阁，即择于月之某日。一应木器妆奁，尚未购办。吾

妹寄迹名区，见闻自广。望　代购合时木器全副，不须过

美，但得经久耐用，便为合格。想亲爱如　妹，当必能代为措办也。附上国币若干，不敷之数，容后面结。专函拜恳。并颂俪祉。

姊某某敛衽　月　日

【注释】

芳闺：即闺房。

叶吉：叶，合也。

延厘：延，引也。厘，福也。

额颂：以手加额而祝颂也。

向平：向子平以女嫁男婚为毕其心愿。故儿女婚嫁称为了向平之愿。

措办：即筹办也。

【前函语译】

某某贤妹：

我们城乡远隔，好久不通音问了。但是姊妹的情分，原不拘定在形迹上的。料想你在闺中安吉，府上多福，定如我所祝颂。我年纪将近六十，要想速了向平之愿，二小女出阁的日子，就定在这月的某日。所需木器妆奁，一切都未购办。妹妹住在著名的地方，见识自然比我高！请你代买全副的时式木器，不要过分好看，但求经久耐用便够。我想你一定不会推诿的。附上银洋若干元，倘若不彀，日后面结。费你的神，也只好以后谢你了。

姊某某 月 日

介绍族侄承继

某某族弟如晤：昨奉

手毕，字里行间，大有伯道无儿，身后茫茫之感。兄窃为

吾　弟计，此不足虑也。夫昭穆既乏相当，螟蛉又非所愿，不如以亲及疏，由近递远，据五百年同是一家之前例，立族中亲爱者为嗣；是亦经权互用之一法。族侄某某，以品学而论，足可光前。吾　弟若有是意，则向伊父说项一层，由兄负责。倘能成事实，他日则继继绳绳，仍是千秋一脉，又谁得议吾弟之非哉！琐渤布达，即候

玉复，此请

大安。

愚宗兄某某拜启 月 日

【注释】

手毕：犹言手简，谓书札也。

伯道：晋邓攸字，攸无子。故引作无子之喻。

昭穆：左昭右穆。言承继之次第。

螟蛉：喻以他人之子为己子。《诗经》：螟蛉有子，蜾蠃负之。

经权：经，常也。权，变也。

说项：唐人诗：到处逢人说项斯。即游说请托之意。

继继绳绳：言接续之意。

【前函语译】

某某族弟：

昨天接到你的信，词气间，很有伯道无儿，身后茫茫的感想。我以为这倒不必忧虑；近族既没有相当的人，螟蛉又非你所愿，不如引五百年同是一家的前例，从亲及疏，由近及远，将族中亲爱的过继为子；这也是经权两用的一种法子。族侄某某，就他的品学来说，足可光耀前人。吾弟如有这意，向伊父介绍一节，可以由我担任。倘使能成事实，将来接续下去，仍旧是千秋一脉，又有谁说你不是呢？你的意见怎样？我在这里候你复信。

族兄某某　月　日

介绍航空教练

某某先生讲席：昨谒
台端，适逢公出，怅怅而归！侧闻　贵校现拟添设航空班，以期造成航空之人才；热心国事，钦佩莫名。但教练一席，未知有人应聘否？敝友某君，新由美国航空学校卒业回华，其品学之纯正，技术之优美，早为邦人士所共仰，无容赘述。刻伊尚在待聘，浼予一言为介。如蒙　录用，当专函前途，俾早莅校任职。专此，祇候　玉复；并请
铎安。

某某鞠躬　月　日

【注释】

浼：音每，上声。以事托人曰浼。

莅：音利，临也。

【前函语译】

某某先生：

昨天来看你，恰巧你有事外出，只得怅怅而归，近日听见人家说你校里，正拟添设一级航空班，想教成许多航空的人才；热心国事，钦佩得很！但不知这一班的教练员，已经请定否？敝友某君，新从美国航空学校毕业回国，他的品行学艺，国人早已佩服，用不着我说了。现在他还在待聘，托我写信介绍。贵校如能录用，望你写封信给我，我当转告他早日来校就职。

某某 月 日

介绍承包行家

某某先生足下：顷奉

台翰，藉悉大军云集，辎重刍秣，转运维艰，拟就近采办军米若干石应用，苦乏相当行户承包。弟转辗筹思，只有下关某某米行，人既老成可靠，货亦真实无伪。嘱伊采办，当无遗误。先生若以鄙言为然，请即遣价前往接洽，定可源源购奉。事属军务要公决，不敢以虚言搪塞也。专沥布复，顺请勋安。

弟某某鞠躬　月　日

【注释】

云集：喻集合之盛。

辎重：是指军装粮食之类。

刍秣：是马粮。

转辗：反复也。

下关：在南京。

【前函语译】

某某先生：

刚刚接到你的信，才知道贵军所需的食米，想要就近购办，无奈没有相当的行家承包。我一再思量，只有下关某行，人既老成可靠，货也真实不欺。叫他代办，谅想不会误事。先生如以鄙言为然，请你差人前去接洽，一定可以陆续办到。事属军事要政，我万不敢以虚言来搪塞你的。

弟某某　月　日

介绍手工教员

某某先生执事：顷奉

大札，诵悉　贵校各科教员，均经聘定，唯手工一席，尚在虚悬，嘱弟代为物色。因思敝友某君，系国内著名工艺学校卒业，制作既极精良，人品亦复纯正；畀以斯职，定堪胜任。如承　金诺，当即促其束装前来，面洽一切也。耑函推毂，复颂文祺。

弟某某鞠躬　月　日

【注释】

席：古者布席治事，故亦谓职务曰席。

物色：察访人物也。

金诺：即答应之意。季布一诺千金，故用为尊称。

推毂：推荐之意。

【前函语译】

某某先生：

来信说贵校的各科教习，多已请定；只有手工一科，还没有人，托我代你物色。因此想起敝友某君，是国内著名工艺学校毕业的，制造的物品很好，品行也极纯正；叫他担任这科的教授，定能不负所托的。你如同意，我就请他早日来校，接洽一切。

弟某某　月　日

介绍跑街

某某先生惠鉴：月前曾肃寸缄，未蒙

赐覆，想怀人尽在不言中也。某托足沪滨，仅资糊口，差幸贱体粗安，藉慰

廑注。尊号跑街，闻已因事去职。想兜售生意，收取账款，不可一日无人。敝友某君，在申有年，于南北商帮，均甚熟识，斯职或可胜任。如蒙

推爱屋乌，量才录用，则感激不啻身受矣。手此布恳，即候

玉复，顺颂

台绥。

弟某某鞠躬　月　日

【注释】

兜售：即招徕之意。

屋乌：言爱此屋并爱及其屋之乌。喻爱我而兼爱及我之友也。

【前函语译】

某某先生：

月前寄给你一封信，至今没有回复；想来朋友的怀想，不一定要在书函中表达罢。我在上海，只能顾一己的衣食。幸亏身体还好，可以用来安慰你。你店里的跑街，听说已经辞职走了。我想兜揽各帮生意，和收取货款等，不可一天没有人。我的旧友某君，在上海多年了，对于南北帮的商家情形很熟悉，用他做个跑街，很是相宜。尊号能够用他，我的感激，就同我身受一样哩。可否请你答复我一封信！

弟某某　月　日

介绍绣娘

某某贤姊惠鉴：正思风采，忽捧

朵云，情语依依，新词叠叠，展诵再四，殊令吾神往于妆台左

右矣。伏谛

贤姊侍祺安吉，俪祉双绥，慰如忭颂。妹寂处闺中，无庸赘述。前某小姊托雇绣娘，一时无从延请，报命因是而迟。刻有某女学高才生，新由专修科毕业，所绣仕女花鸟，酷肖如生，呼之欲出，的是刺绣班中之翘楚。妹已代说好，吾 姊试用后，当知予言之不谬也。泐此，敬请

双安。

妹某某裣衽 月 日

【注释】

风采：指人之仪容言。

朵云：指信。

赘：音缀，言多余。

酷肖：极像之义。酷，音哭。

翘楚：高出侪辈之意。翘，音桥。

【前函语译】

某某姊：

正在想念你，忽然接着你的信，词句新颖，且多依恋的情意；叫我书未读竟，神魂已飞到你的妆台左右了。想起贤姊在

翁姑夫妇间，必能使他们安乐；这是我所最欢喜祝颂的。以前某小姊托我雇的绣娘，一时没处去找，所以未曾回复。现在有某女校学生，新从专科毕业，所绣的人物花鸟，竟和活的一般，确是那刺绣班中的最高人才！我已经和她说好；你试用之后，就知道不是诳你了。

妹某某　月　日

介绍保姆

接奉　还云，备悉种切。就谉
某某先生起居安吉，为慰为颂。某滥竽学界。卅载于兹，钫镳奔驰，依然故我；清夜思维，自怜亦堪自笑！昨某君来，说及　尊府儿女众多，拟聘保姆一人，设立一改良家塾，以教育后辈。法至良，意至善也。兹有舍表妹某，向任职某省幼稚园；对于儿童心理习惯，知之颇谛；且于诱掖各法，亦夙有研究。洵女界不可多得之教育人才。因是始敢介绍。尚祈
推情录用，不胜感激。肃泐，并请
台安。

弟某某鞠躬　月　日

【注释】

轫辘：《博雅》：车轨道谓之轫辘。喻人之在外奔驰也。

诱掖：引诱扶持之意。

【前函语译】

某某先生：

接到你的回信，一切多知道了。你近来的起居，想来一定很好。我混在学界，已经有三十年，跑来跑去还和从前一样；每到半夜里想起，自己替自己可怜，也替自己可笑！昨天某君来，说及府上的儿女众多。要请一位保姆，在家中设立一个改良家塾，教导自己的子女。这法子极好，意思也极是。现在我有一位舍表妹某某，向在某省幼稚园服务；她对于那儿童的心理和习惯，很是熟悉；引导扶持儿童等法子，亦很有经验。真是女界中不可多得的教育人才！所以我敢推荐与你。你如能推情用她，我很感激你。

弟某某　月　日

借住房屋

某某族叔大人座右：前肃寸禀，谅邀
鉴及；久不见复，殊为悬悬。侄寄寓某地，经营商业，本拟稍畜蝇头，再图返里。奈某某两方，战云又起，干戈戎马，昕夕不安。而敝处适当其冲；一家老幼，惊惶万状，急急遄归，苦无栖止。不得已拟向 尊处暂借数椽，聊蔽风雨，一俟觅有相当房屋，即行迁让。度
长者素能急人之急，当必不以一脉而麾诸门外也。肃泐奉恳，敬请
钧安。

侄某某谨上　月　日

【注释】

蝇头：此喻微利。

昕夕：即朝夕。

数椽：即几间。

一脉：即同宗之意。谓同一血脉也。

【前函语译】

某某族叔：

前次寄给你的信，料想已经看过了；但是许久不见答复，心中很是挂念。我寄居某地做生意，本想积聚些资财，然后回来，无奈某某两省，又有战事发生；枪弹炮火，朝晚不安。而我处又是他们必争的地方；家中老小，吓得没有法儿，急急地赶回来，苦无房屋居住。不得已，拟向你处借几间房安身，等我一寻到相当的房子，就立刻迁让。想你素来能够济人之急，决不把一脉的人，反而置诸度外的。

侄某某　月　日

借填军饷

某某先生足下：宁垣聚首，畅挹

兰芬，感篆私衷，与日俱积。比维

财祺集吉，福祉咸厘，定慰忭私！某滥竽戟署，任职军需。迩因边疆不靖，派队出征；积饷既宜发清；开拔又需巨款。而库空如洗，筹措维艰。

先生为金融界巨子，实业中伟人，经济一方，定卜左宜右

有，卷舒自如。敢祈

鼎力代筹若干。一俟各县解到。当即子母奉赵。事关国用，谅不我却。肃函布恳，并颂

筹祺。

弟某某鞠躬 月 日

【注释】

宁垣：即南京。

兰芬：如挹芝兰之芬。指人之颜面言。

戟署：指武职的官署。门有戟卫，故曰戟署。

卷舒：收放也。

奉赵：言还也。是借用蔺相如奉璧归赵意。

【前函语译】

某某先生：

自从在南京见了你的面，别后没一天不记念你。我现在混迹军界，担任军需一职。近来因为边疆不靖，派兵征剿；所有积欠的饷银，先要发清；开拔又要一大笔款子。目下库空如洗，筹划很是艰难。想起你是金融界的大人物，商业中的领袖；金钱一层，定能左宜右有，收放如意的。这次只有劳你的

大力，代为筹划若干。等到各县的款子解到，立刻将本利奉还。事关国用，想你不会推却的。

弟某某　月　日

借用理化器械

某某先生足下：暑期畅叙，倏届新秋。莘莘学子，又皆负笈而来矣。敝校自增设中学部以来，所需各项仪器，虽皆陆续购置，而于理化一科，尚未办齐。明日为弟授氢氧二气，讲解纵极明晰，无实验以为之证佐，诸生必疑信参半，于效率上未免低减。因特专函　贵校，恳将试验氢氧所用之器具，借下一用，缓日奉赵，决不有延此。此请

教安。

【注释】

笈：书箱也。

氢氧：化学中二原质。

【前函语译】

某某先生：

暑假中畅叙，转眼又到新秋。许多学生，又都背了书箱来就学了。敝校自从添设中学部以来，各种仪器，虽陆续购置，但是理化一门，还没有购置齐全。明天是我教授氢氧二气的课，讲解纵极明白，却没有试验器给他们一个证明，学生恐怕不会完全了解。而减低教学的效率。因此特地写信到贵校，恳将试验氧氢二气的器械，借给我一用。缓日奉还，决不延误。

弟某某　月　日

索还出借图书

某某同学兄鉴：小别兼旬，殊殷系念；契洽如　君，想彼此同之也。近维

学业日新，至为企颂。某前因开学期迫，匆促束装到校，所有日用物品，未及一一检齐。至应用各书，亦有未及带出者。言之滋愧。

尊处前借某书一部，本不急于索取，实因现时需用，不得不移缓就急。一俟家内寄出，仍可奉借。叨属知己，谅能　见原。手

此布臆，不尽缕衷，并候

近佳。

弟某某鞠躬　月　日

【注释】

契洽：相合意。

【前函语译】

某某学兄：

和你分别，虽没有多时，然念你的心，很是殷勤；知己像你，恐大家都是一样的吧！料想你的学问，日有进步；这是我所企望的。我此番因开学期近，急忙到校，所有日用物品，还有些留在家里，就是应用的书籍，也没有带得齐全。说也惭愧哩！你前次借去某书一部，本不应急来索取；实因现在不得不想个“移缓就急”的法子。等我家里将这书寄出，仍旧可以借给你用，叨在知己，想你定能原谅我的！

弟某某　月　日

索还出借衣服

某某我兄大鉴：匝旬未晤，如隔三秋。谊切同枝，固应尔也。此想

起居安吉为颂！某自任职某方，各界颇多酬应；一身衣若褴褛，何足登大雅之堂！因思尊处借去衣服，虽不甚华美，尚可敷衍目前。遗价走领，祈　掷交为荷。不情之请，统希原宥，顺颂

文祺。

弟某某鞠躬　月　日

【注释】

三秋：《诗经》：一日不见，如三秋兮。

同枝：指兄弟言。

褴褛：破旧之意。

掷：音直，抛下也。此作交付之谦称。

【前函语译】

某某兄：

十天不见，就像隔了三年的样子。我们兄弟间，是该有这种情况的。想你近来起居，一定很是平安。我自从担任了某处的职司，酬应的事情很多；但是穿了破旧的衣服，实在不能到大方人家去。因此想到你前次借去的衣服，虽不能说是华美，暂时还可以敷衍过去。今差某仆前往领取，望你交他带回！不情的地方，还望你原谅些！

弟某某　月　日

索还代办货款

某某先生台鉴：月前踵　府，诸多叨扰，感甚谢甚！承
嘱代办各物，照式配制，业已遣人奉上。是否适用？尚乞　详示。该款若干，本不应急于催取，实因节关在迩，不得不将各账作一结束。明达如　君，定能谅解。是款若能早日见赐，尤所感盼！此请
炉安。

弟某某鞠躬　月　日

【注释】

踵：音肿，至也。

叨扰：即谢人优待之意。

【前函语译】

某某先生：

月前在你府上。诸多破费，真是感谢不尽！所嘱代办的物件，已照来式配齐，差人送上。适用不适用？还望你给我一个回信。至于这项的货款，本不应这样紧催。实在是因节关将近，不得不拿各项账来结束一结束。明达像先生，定能加以原谅的。该款若能早日付给，更是感激盼望！

弟某某　月　日

索还刺绣样本

某某表妹芳鉴：日前

姑母归宁，述及吾　妹迩来除赴校上课外，兼习刺绣女红。并出示成绩，所绣翎毛花卉，栩栩欲活，巧夺天工。诚妇女界中不多见之作，羡甚佩甚。姊近因雪窗无事，亦颇见猎心喜。前　尊处借去之刺绣样本，不知是否录竟？如已竣事，望即掷下，俾姊温习旧业，他日或可附尾。谅吾　妹乐成人美，必能俯如所请也。专函布恳，罔罄言余。诸希
爱照不一。

愚表姊某某裣衽　月　日

【注释】

归宁：女子既嫁，归问父母之安否曰归宁。《诗》：归宁父母。

红：古与工通。女工，亦作女红。见《汉书》。

翎：音林。此指鸟类言。

卉：音讳，即花卉。

栩：读诩，栩栩欲活，谓图画之像生也。

见猎心喜：言见人作事，我亦想做之意。

附尾：即附骥尾，言附在后面意。

【前函语译】

某某表妹：

日前姑母归宁，说起妹妹近来除到校上课外，兼学习刺绣女工。并拿出你的成绩给我看，所绣的花卉翎毛，竟同活的一

般。这等刺绣，我们女界中真真不多，佩服得很！我现在家里没事，也想做些女工。你前借去的刺绣样本，录完没有？如已录好，望即交还，让我也把旧业温习温习，将来或可以跟得上你。想妹妹乐成人美，必能许我所请的。

表姊某某　月　日

约同归扫墓

某某二哥大鉴：音候虽疏，殊殷遐想。流光如驶，倏又经年，近想

起居安吉，为颂为慰。弟幕游燕省，十载于兹。木本水源，时萦梦寐。只以笼鸟依人，诸多牵掣。每届寒食清明，唯有望风涕泪耳。出月初旬，决计南旋。藉拜松楸，以瞻家室，慰慈母倚闾之望，作亲朋数日之留。我

哥如表同情，届时望并辔旋里，是亦兄弟间难得之佳会也。肃函布悃，即候玉复。不备。

弟某某手启　月　日

【注释】

幕：音暮。幕游，言在衙署中就事。

燕：即河北省。

笼鸟：言人之就事，如鸟之在笼，不得自由也。

牵掣：言牵住之意。

寒食：是清明前一日，为扫墓时期。

松楸：是坟上的树。

倚闾：母望子归，恒倚在门间，故曰倚闾。

辔：马鞍也。

悃：音困，心事也。

【前函语译】

某某二哥：

信虽长久不通，然我无日不想念你。光阴很快，又是一年了。料想你的起居，定然安好。我游幕河北，已有十年。木本水源，我亦何尝不想念着。只为就了人家的事，就像笼鸟的不能自由。每到寒食清明祭扫坟墓的时候，只有望着风，流些眼泪罢了。出月初旬，我决计要回去。借这扫墓的事，到家慰慰我们母亲的盼望；同亲朋们也可以欢叙几天。你如果也有这意思，那就可以一同上路，这也是兄弟间难得的机会啊，并望你先给我一个回信！

弟某某　月　日

约会勘祠基

某某族叔大人尊鉴：昨某弟来，道及我族因建造宗祠，基地发生纠葛；殊堪骇异！窃思先贤某某公专祠，本系国家饬造；毁于兵燹。以后虽年久失修，然基址犹在。今照原有式样建造，并未侵占人地，邻右发生交涉，殊属无理取闹。某弟已约定官中丈量员，准明日开丈。望吾　叔届时早临，辅助一切。倘得水落石出，彼自理屈词穷。事关先人祠宇，幸勿迟却为盼。肃此祗请

道安。

宗侄某某谨上　月　日

【注释】

勘：音堪，视察意。

纠葛：喻事之缠结不解者。

【前函语译】

某某族叔：

昨天某弟来，说起我族建造祠屋，基地和邻居发生纠

葛；我很是骇怪！我想先贤某某公的专祠，本是国家命令造的，兵乱之后，虽多年没有修理，它的墙基还在。今照原式建筑，决无侵占他人基地的道理。邻居来发生交涉，实是无理取闹。某弟因此约定官中丈量员，定明日同邻居去开丈，望吾叔到那时来辅助一切。倘得丈勘明白，他自然理屈词穷，没有话说了。事属先人祠宇，千万不要推却或迟延，这是我所盼望的！

宗侄某某　月　日

约会商防务

某某先生钧鉴：迭奉

手书，藉悉种切。边疆不靖，意中事也。敝县适当某省要冲，贵营尤属毗连。值此唇齿相依之势，不得不为同舟共济之谋。但军情万变，遥揣为难。际此仓皇戎马之时，弟又不敢擅离职守。拟请再择一适中地点，于某日　移玉该处，察视形势，共图军事上之布置。何如？庶绸缪于未雨，不至受渴于临时，想

先生当不以予言为河汉也。匆泐布达，顺颂

勋安。

弟某某谨复　月　日

【注释】

唇齿：唇亡则齿寒。喻彼此相依也。

同舟共济：言大家在一舟，必求共济。喻大家在一处，均有关系。

仓皇：忙迫意。

移玉：请人自来的谦辞。如玉之趾，乞其移动也。

绸缪：即筹划也。

河汉：空言无实曰河汉。

【前函语译】

某某先生：

屡次接到你的信，各事都知道了；边界不靖，自是意中事，但是我处适当某省的要冲，你更与它毗连；当这唇齿相依的形势，不得不共谋救济。但是军情万变，揣测很是为难。现正军情紧急的时候。我又不敢擅自离开职守。只有再拣一个适中地点，大家到该处去察看情形，双方布置，你看是怎样？平日有了预备，庶几临时方不受人迫促，料想你一定赞成我的提议的。

弟某某　月　日

约赴会演讲

某某先生足下：旬日不晤，怅甚！明晚为我校值期演讲，教育会已专函知照。

先生崇论宏议，早为各界所钦仰；届时尚乞　惠临敝校，同往一抒谠论。开通社会，诱掖后进，非　公谁属！事关地方公益，不吝　赐教为幸。耑肃，即请

著安。

弟某某鞠躬　月　日

【注释】

谠：音党。直也，正也。

诱掖：引导扶助也。

【前函语译】

某某先生：

　　十天不见，郁闷极了。明天晚上，教育会演讲，是我校值期，该会已来函关照。先生的议论，早为各界所钦佩；到那时候，望你到我校里来同去，发扬你的宏论。开通社会上的智

识，引导学生们的进步，恐非先生不能！这是地方的公益事，望你尽量赐教才好！

弟某某　月　日

约勘察矿苗

某某先生足下：河山间阻，音问久疏。昨奉
惠书，不啻清风来故人也。欣慰奚如！某自东瀛返国，即致力于矿学。因国家之富，由于实业；实业之兴，首在矿务。敝处层峦叠嶂，绵亘千里。据欧西矿学家言，该山五金各质，均极富庶，而以煤质为尤著。某现拟组织公司，从事开采。只以勘察矿苗乏人，迟迟未果。侧闻先生研究矿学有年，智识既高，经验又富，恳请　驾临赐教，俾作南针。异时凭借有资，皆出　先生之赐也。感何如之！忽泐，即请
台安。

弟某某鞠躬　月　日

【注释】

东瀛：指日本。

层峦叠嶂：言山之多也。峦，音鸾。

绵亘：亘，音梗。绵亘，延长貌。

南针：即指南针。喻指示标准意。

【前函语译】

某某先生：

河山隔了我们，音问疏忽久了。昨天接到你的信，真像清风吹了旧友来。不知欢喜到那样哩！我从日本回国，就注重矿业。因为实业是强国的根本；但是要实业发达，又当先从矿务着手。我乡某山的山脉，延长千里，据外人调查后说：“该山五金都有，煤更富足。”我想创办一个煤矿公司，着手开采。因为没有勘察矿苗的人，所以迟到如今。近日听见你研究矿学多年，智识既高，经验宏富，想请你到敝处指教指教我们。将来如果办有成效，那都是由先生所赐，真感激不尽哩！

弟某某　月　日

约同观菊花

某某贤姊妆次：满城风雨，节届重阳。伏处深闺，殊形沉寂。闻明日某园开菊花大会：如丝如爪，罗列一堂，或紫或红，纷披左右。有渊明癖者，莫不联襼往观。妹处相隔非遥，若不躬逢其盛，未免负此名花。因专函相邀，同往领略此园雅趣。

姊如有意，明日午请在府稍待。妹准亲诣　芳闺，同赴作竟日之玩赏如何？手此奉约，伫候

玉复；并请

秋安。

妹某某裣衽　月　日

【注释】

如丝如爪：此言菊花之种类也。

纷：乱也。

披：开也。

渊明癖：陶渊明爱菊，故云。癖，嗜好之病也。

褹：音艺，袖也。

领略：理会也。

【前函语译】

某某贤姊：

满城风雨，又快到重阳佳节了。我在家里很感寂寞，听说明天某园开菊花大会：像丝像爪的，都排满堂上；或红或紫

的，都纷列左右。爱好菊花的人，没一个不去观看。我的住处，和某园很近。倘若不去参观，不辜负了这名花吗？因此写信邀你，同去领略那园中的雅趣。你如果有这意思，明午请你在府等我。我当到你府上，同去作竟日的赏玩何如？是否请你先给我一个回信！

妹某某　月　日

约伴购国货

某某贤姊惠览：别来旬日，如隔三秋。相爱之深，遂不觉相思之切矣。即维

兰闺萃吉，芳祉安祥，定符私颂。妹昨过民国路，见国货商场，物品颇形完备。妹之奁具，拟纯用国货。第花色繁多，拣选不易。明日可否请吾　姊先至舍间，再同赴该商场采买？庶办理有所折衷，劣品不致误购。想情同手足者，不至以琐事而诿却也。率泐，并请

近安。

妹某某裣衽　月　日

【注释】

萃：音遂，聚也。

奁：音连，妆奁也。

折衷：亦作折中，判断之也。

【前函语译】

某某贤姊：

分别不过十天，竟像隔了三年一样。以你我相爱的深，所以遂不觉相思的切了。我昨天经过民国路，见国货商场的物品，倒很完备。我的奁具，想完全买国货。但是花色很多，拣选是不容易的。明天可否请你到我家里来，同去采办？庶几有人商量，不至于买到劣货。我们姊妹的情谊，想你不会嫌烦琐罢！

妹某某　月　日

第二编　陈叙类

论卫民宜整顿警察

某某先生钧鉴：敬启者，敝处萑苻不靖，前承调兵镇慑，闾阎为宁。但僻区仍多抢劫；是非外来之匪，实本地之伏莽也。故鄙意多遣防兵，不如整顿警察；缘警察选当地人民，不似外来防兵之人地生疏；其对于地方宵小，侦缉较易为力，收效亦较防兵为速。但居是职者，能勤谨而有知识，方克济事。若滥竽充数，利未见而弊先从生矣。管见是否有当，统希亮察是幸！敬颂

勋安。

某某谨启　月　日

【注释】

萑苻：音丸苻，盗薮也。

慑：读如失。镇慑，谓以威临之，使收敛不敢妄为也。

伏莽：伏藏之寇盗也。

侦：音贞，探也。

缉：音七，捕也。

滥竽：充数之意。

管见：喻所见不大也。

【前函语译】

某某先生：

敝处盗贼不靖，前承先生调兵镇慑，里巷安宁。但是荒僻的地方，仍时常有抢劫的事情发生；这不是外来的土匪，实在是本地潜伏的盗贼。所以我的意思，与其多设防兵，不如整顿警察；因警察是本地人，不像防兵的人地生疏；他们对于当地的匪类，侦缉自然比防兵容易。收效也较防兵迅速。但是当警察的人，总要有智识，能勤谨，才能够成功。如若把没有这种才力的人来充数，那么利未有见，弊先百出了。管见是否有当，望你斟酌采纳！

某某　月　日

论普及教育宜多设小学

某某先生函丈：负笈

程门，瞬经数载；春风化雨，广荷　裁成。感篆私衷，至今犹时时在抱也。昨承　赐示，拟筹设大学以教育诸生。热心毅力，既佩且钦！但管见所及，国人须有高尚智识，尤必先有普通智识以为之基。故与其增设大学，不如多设初等学校，以求达夫教育普及之目的也。我堂堂文明之中国，而犹有多数人格不完之人民，皆教育未普及之故。增设之以救其偏，当亦识者所心许也。是否可行？统希　裁示！肃此敬请

道安。

门生某某顿首　月　日

【注释】

函丈：师席曰函丈。

程门：即程伊川之门下也。《宋史》：程门立雪。

春风：言受明师之教诲，如坐春风之中也。

化雨：孟子：有如时雨化之者。

【前函语译】

某某先生：

想起从前在先生门下读书，已经隔有几年了。感激“春风化雨”的心，到现今还念念不忘；昨天接到你的信，说要筹办大学，用来教育我们这许多学生。热心毅力，钦佩得很！但我以为国人要有高尚智识，一定要先有普通的智识做基础。故与其要添设大学，不如多设初等学校，以求达到教育普及的目的。我们堂堂的中国，却还有许多人格不完的人民，这都是教育未普及的缘故。能够多设小学，以弥补那缺陷，想必为有见识的人所心许的。我的意见是否可行？望你写信指示我！

学生某某　月　日

论改良私塾之利便

某某先生阁下：顷读

云函，崇论宏议，扩我心胸，感甚佩甚。盖办学为培植人才；照目前而论，有不能不变通办理者。我国学校，自逊清创办迄今，此中所出人才，尚属寥寥无几。以鄙意度之，由于办理之不善者半，由于经费不足，教育未能普及者亦半。故欲求教育之发达，唯有先从改良私塾为入手办法。成绩优良者，请奖励而补助之。不合法而败劣者，亦必惩戒而改良之。如是则经费既省，学校日多。是亦改进教育，培植人才之一法也。
尊见以为何如？肃泐，即颂
撰安。

弟某某鞠躬　月　日

【注释】

寥寥：不多也。

【前函语译】

某某先生：

刚才接读你的来信，高论宏见，展开我的心胸不少，很是感佩。办学本来是培植人才的；照目前而论，实有不能不变通办理的地方。我国学校从前清办到现在，所造就的人才，还寥寥无几，照我的意思揣度，一半是由于办理的不善，一半是因经费不足，以致教育不能够普及。所以要求教育的发达，只有先从改良私塾入手。教授合法而优良的私塾，奖励补助他；不合法而败劣的，惩戒改良他。照这样做去，经费既省，学校也就增多了。我以为这也是改进教育培植人才的一种方法；不知你以为怎样？

弟某某　月　日

论整顿纱业宜注意植棉

某某先生足下：重洋虽隔，音问常通，万里无殊一室，欣慰何似！

来示所述：我国棉纱一项，供不应求，以致舶来品消场大佳。溢出利源，殊为可虑。宜多设纱厂，以挽救漏卮。此见诚是也！但鄙意纱系棉质所成，欲整顿纱业，宜先讲求植棉之法。我国棉种，向少研究，似宜改植佳种，使纤维加长，收获加多。庶原料不购自外洋，出口自有相当之利益矣。未识高明以为然否？肃此布复，敬颂

旅安。

弟某某鞠躬　月　日

【注释】

漏卮：漏的酒杯；喻利权之外溢。

【前函语译】

某某先生：

我们虽是隔了洋海，仍能够时常通信，无异会言一室，真欣慰极了！昨天你的来信里说：我国棉纱产量太少，不够应用，因此外洋运来的纱消场很好。利源外溢，异常可虑。我们应当多开纱厂，拿来补这个漏洞。这见地是极对的！但我以为纱是棉做成的，要整顿那纱业，定要先讲究种棉的方法。我国所种的棉花，向少研究，应当改选上等棉种，纤维可以加长，收花自然也可比较的多。这样，原料可以不从外洋买来，出口自然也有相当的利益了。但不知你的意见以为怎样？

弟某某　月　日

论煤铁矿亟宜开采

某某先生足下：昨聆

清谈，道及实业不发展，为我国贫弱之因。至言确论，钦佩奚如！即以国中煤铁两矿而论，除开平大冶稍著成效外，其他几如麟角凤毛之不可多得。大好利源，坐弃于地，殊堪浩叹！机器非煤不能动；工厂用铁亦甚夥。铁煤既有若是功用，开采尤属当务之急。故鄙见以为凡有是项矿产各省，我国人即宜设法筹资，从速开采。一以救国家之贫；一以开实业之基。不知先生以为然否？琐渤布臆，顺颂

台安。

弟某某鞠躬　月　日

【注释】

开平：地名，有煤矿。

大冶：冶音也，县名，有铁矿。

麟角凤毛：麒麟之角，凤凰之毛，是物之最珍贵者。喻难得之物。

【前函语译】

某某先生：

昨天听你说及，我国实业不发达，是贫弱的大原因。这话极对，很是佩服！就是把国中的矿产来说，除掉开平大冶两处办有成效外，其他几乎像麟角凤毛的不可多得。大好利源，弃在地中，真可浩叹！各种机器，没有煤不会动；工厂用铁也很多。铁煤既然有这样的功用，开采实在是不可缓的。所以我的

见解，以为凡有该项矿产的省份，国民就应该想个法子筹款来从速开采。一面可以救国家的贫弱；一面可以开实业的基础。以上所说的话，不知你以为对不对？

弟某某　月　日

报告家中状况

父亲大人膝下。敬禀者：昨奉

训谕，藉悉　大人玉体康健，百凡顺遂，堪慰孺慕。家中自

母亲以下均吉，勿念。寄来布匹银洋，照收无误。月初已付去　某母舅处会款若干，某姓礼分若干，余留家中日用；布匹为两弟做衫裤各一身，料颇经久耐洗。男暑假考试毕业，幸列入优等，扪心自问，惭愧滋多。此后转学，当益加奋勉，以期无负

大人祈望之心矣。秋风多厉，诸希

珍摄！

男某某百叩　月　日

【注释】

玉体：言父母之体。如玉之贵重也。

奋勉：发奋勉励也。

珍摄：珍重保卫之意。

【前函语译】

父亲：

昨天奉到训言，知父亲的身体康强，凡事如意，男很是快慰。家中自母亲以下都很安好，可勿挂记！寄来的银洋和布匹，照收不误。月初已付去某母舅的会款若干元，送某姓的礼分若干元，其余都留作家用；布匹替两弟做了短衫裤各一身，衣料很是耐洗经用的。暑假大考，男侥幸列入优等，自问程度，很是惭愧。此后转学，自必益加奋勉，以期不辜负我父亲的希望。秋来气候转冷，望你保重身体！

儿子某某　月　日

报告办理嫁务

伯父大人尊前。敬禀者：前奉

训言，藉悉局中税务正忙，以致二妹出阁，不能返里，各事饬侄遵办。兹将经过情形，为

伯父一陈之。妆奁各物，不尚炫异矜奇，只求经久耐用。故

衣料均用国货，箱笼悉购旧式。所费数百余金，几无一舶来品者。二妹亦颇知大体，悉听侄之所为。吉期贺客盈门，侄均一一与之周旋，席间酬应，亦颇忙碌。此皆我　大人平日交际之广，有以致之也。新婿人极稳练，的是年少英俊。知关
廑念，谨以附闻。恭泐，虔请
福安。

侄某某叩禀　月　日

【注释】

妆奁：奁，音廉。嫁时器具衣服等称妆奁。

【前函语译】

伯父：

从前接到训言，知道因局中税务正忙，无暇回里，二妹嫁事，一切吩咐侄儿办理。现在把办理的经过情形，说给伯父听听。妆奁各物，不求新异，只求经久耐用。所以衣料都用国货；连箱笼也统统是旧式的。用去几百块钱，竟没有一件洋货。二妹也很知大体，一切听侄儿的主张。到了出阁这一天，贺客很多；侄儿席间应酬，非常忙碌。这都是伯父平日的交际广阔，才有这样的场面啊！新妹婿人极老成干练，的确是

少年英俊。晓得伯父挂念，所以一并告诉你。

侄儿某某　月　日

报告前方军情

某某军长钧鉴：拜别

铃辕，当即星夜率队进剿。敌方负嵎抵抗，经我军三面包围，始受创溃散。是役也：俘获悍贼百人；夺得枪械千余，大炮五尊，机关枪数架。逆酋闻已渡江逃窜。现已派某营扼守要隘，某团向前追击。仗我

帅威，歼兹丑虏。为国家除蟊贼，为黎庶奠安全，此其时矣。恐劳

廑忆，谨先禀闻，并请

勋安。

某某鞠躬　月　日

【注释】

铃辕：指督署言。

负嵎：嵎，音鱼，山凹也。凭险而守曰负嵎。见《孟子》。

创：音窗，戕伤也。

俘：音夫。凡因战而获敌之人物曰俘。

悍贼：凶恶之谓。

逆：叛逆。

酋：长也。

窜：音爨，去声，逃匿也。

歼：音先，灭也。

丑：恶也。

虏：俘囚也。

蟊贼：犹言害虫也。

奠：定也。

【前函语译】

某某军长：

拜别之后，立刻率队进剿，敌人负险抵抗，被我军三面围击，才受了重大损失，四处逃散。这一回战事，捉得悍贼百人；夺得枪械千余杆，大炮五尊，机关枪数架。听说敌方首领，已经过江逃走了。现下已派出某营扼守要口，某团向前方追击。仗我大帅威严，定能灭尽这些悍贼。替国家除害；替百姓求安，这时机真不可失哩。恐劳大帅挂念，所以先写这封信来禀告你。

某某　月　日

报告组织同学会

某某砚兄足下：客冬聚首，倏易寒暄。劳燕分飞，逼于境遇。此情此景，能不慨然！弟栗碌如恒，毫无足述。回忆联床共话，赏奇析疑，徒增离索之感耳！同学某君，近有组织同学会之发起，办理已将次就绪。一方征求学员；一方报告成立。足下亦同学一分子，谨奉简章数份。凡我同学有应行入会者，尚祈就近通知，冀收集思广益之效。事属团体行为，想足下亦必乐予赞助也。手此奉告，即颂

教安。

弟某某鞠躬　月　日

【注释】

寒暄：主客酬答曰寒暄。谓问天气之冷暖也。

劳燕：《古诗》：东飞伯劳西飞燕。喻人之异地分居也。

栗碌：即忙碌意。

离索：离群索居，谓独处也。

【前函语译】

某某先生：

去年冬里会面后，天气又变寒为暖了。劳燕一般的分飞，莫非各为衣食所逼。这种情景，怎能不引起我们的感慨！我一身忙忙碌碌，没有一毫足述的地方。回想从前“联床共话”“赏奇析疑”的时候，徒然感到现在“离群索居”的孤寂而已！同学某君，近来发起组织同学会，手续上已经将近完备了。一方面征求学员；一方面报告成立。你也是同学当中的一分子，所以寄上章程数份。凡有同学应行入会的，望你就近通知，他将来可收“集思广益”的效果。这是关于团体的行为，想你也一定赞成的。

弟某某　月　日

报告货物滞销原因

某某先生阁下。径启者：

贵厂运到丝织化妆各品，照收勿念，该品花样新式，质地精美，恰合时下销场。奈受某省军事影响，市面萧条，商家因此束手，以致各货无不停滞。况化妆与丝织等品，值此银根吃紧之际，较诸他货为尤滞。交通现有数处断绝，一时且不能分销

他埠。将来时局稍平，或可望其有起色也。恐劳
锦注，谨先奉　闻。此请
筹安。

弟某某鞠躬　月　日

【注释】

停滞：停顿留滞之意。

埠：商埠也。

锦注：尊称他人之思念。

【前函语译】

某某先生：

前天贵厂寄的丝织品和化妆品等，小号已照数收到，望你不要挂念。这项货品花样新式，质地又好，恰合时下的销场，无奈受了某省军事上的影响，市面极其冷落，商家因此束手，以致各货没一种不停滞。况且这两种货色，当这银根吃紧的时候，比别种更要滞销些。现在有几处交通断绝，一时而且不能分销到别埠去。将来时局稍平，或者有起色的日子。我因怕你挂念，所以先写信告诉你一声。

弟某某　月　日

报告账款歉收情形

某某先生足下：握别登程，瞬经数日。月圆三五，始抵邗江。承

某号某某君竭诚招待，所有账款，已领向各欠户收取。第大兵之后，十室九空，满目荒凉，情殊可悯。旷观大势，若催逼过紧，恐不免有倒闭情事。不如稍俟转机，或可从容筹措。故现已招集各欠户，准其减成归款，于无可结束中，暂作一表面结束。

先生明达，当必能曲体人情，俯为嘉纳也。归期不远，余容面罄。先此布达，顺颂

台绥。

弟某某鞠躬　月　日

【注释】

邗江：指扬州。邗，音寒。

【前函语译】

某某先生：

握别登程，转眼又十几天了。十五这一天，我才到扬州，承蒙某号某某君的招待，所有账款，已领我向各欠户收取。但是大兵之后，十室九空，一种凄凉景况，实在是可怜得很。从大势上看去，我若过于紧逼，即无异催他们关门。不如等时局稍有转机，还可以指望逐渐归清，所以我已经招集各欠户，准他们减少成数筹还，于无可结束中，暂作一种表面上的结束。先生是明达的人，想来定能体贴人情，容纳鄙意的。不多天我就要回来，所有一切琐碎情形，到那时候面谈罢！

弟某某　月　日

报告儿女入学

某某夫君大鉴：昨展
手书，藉谂种切，不胜欣慰。家中自
重帏以下，均告安吉，勿念。兹启者：大次两儿，本同赴某经师处肄业。寒素人家，有何奢望，但求略识之无，得能自立，于愿已足。嗣以大父之意，谓某儿志气高尚，体质亦佳，置之阛阓，未免可惜。目下国难当头，惟以军备为最重要；卫国卫民，咸资臂助。吾家千里驹，于某儿有厚望焉。因命将大儿送入陆军学校读书。氏不敢重违其意，谨将入学情形，缕陈　左右。　夫君当亦以　大父之所见为然也。肃此布意，顺请

旅安。

妾某某字　月　日

【注释】

重帏：祖父母均在曰重帏。

奢：音赊，远也，过也。

大父：称祖父。

阛阓：音还溃，市肆也，指商业。

【前函语译】

某某夫君：

昨接来信，得知你在外一切的事，很为欢慰。家中翁姑以下都很平安，望你勿念。大次两儿，本来同在某经师处读书。像我们这样寒苦人家，有什么奢望，不过希望能够略识几个字，将来能自谋衣食，那就心满意足了。后因祖父的意

思，以为某儿志气还高，体格也强，进商店做学徒，未免可惜。现在国难当头，只有军备极关重要；保卫国家和人民，都须靠着它们。将来我家的千里驹，也惟某儿为最有望。所以要把他送进陆军学校去读书。我不敢违拗，故将入学经过告诉你。想你也不至于不赞成祖父的意见罢！

某某　月　日

劝兄弟和睦

某某谱弟台览：辱承不弃，屡奉

惠书，亲爱之忱，溢于言表，同胞手足，不是过也。惟近述

令昆玉阋墙一节，似有不慊于心，某为吾　弟扼腕久之。然亦有当为　令兄原者：窃思令兄自某事失败后，业已有年，一家数口，待哺嗷嗷，景况之艰，已达极点；若不与吾　弟商量，何处可呼将伯？其所以屡有龃龉者，迫于势，非昧于理也。略迹原心，吾　弟还当念同气之亲，扶翼而补助之。彼异时涸辙稍苏，安必无图报之一日也。刍荛之献，统希　采纳是幸！此请

履安。

愚宗兄某某手启　月　日

【注释】

溢：音逸，流露也。

阋：读如吸，阋墙，见《诗经》。

慊：音吃，快也，足也。

哺：音捕，食也。

将伯：喻帮助的人。

龃龉：音组吾，意见不合也。

涸：干也。

辙：音尺。涸辙，言鱼在辙中将干死。喻人之困难，等于鱼在车辙中也。

刍荛：谓樵夫也。《诗》：询于刍荛。

【前函语译】

某某谱弟：

承你不弃，屡次写信给我，同胞兄弟的亲爱，也不过是这样了。说到近和令兄失和，似乎觉得不快，我也很替你不平。然令兄也有可以原谅的地方。令兄自从某事失败以来，已经多年，境况为难，达到极点；若不和老弟商量，还有谁人帮助他呢？所以屡次和你有口角，是陷于情势，不是不明白道理啊。略迹原心，吾弟还当顾念兄弟的情分，帮助他接济他。他将来手中一宽松，又谁知没有报答你的日子呢？粗卤的意见，你还是听了我罢！

宗兄某某年　月　日

劝注重体育

某某同学兄鉴：顷展

来书，藉悉　贵校所定课程，体育与文算并重，似有不惬于心；弟窃以为不然。夫人有强健之身体，然后能求完全之学问。有完全之学问，然后能成美满之事业。体育即强健身体之一科也。学问欲求精进，事业欲求发展者，莫不注重体育。

足下在校未久，尚未知其效力，日后渐渐行之，自觉弟言之不谬也。耑函相勖，并以自勉。此请

砚安。

弟某某鞠躬　月　日

【注释】

惬：音箧，满意也。

【前函语译】

某某同学兄：

昨天接到你的信，知你对于学校里所定的课程，体育和文算并重，似乎有些不满意；我却以为不然，凡人们先要有健全的身体，然后能求完全的学问，有了完全的学问，然后能成美满的事业。体育就是健全身体的一种科目。所以要求学问完全并事业发展的人，没一个不注重体育的。你到校未久，还未能知体育的效力，日后渐渐做去，自然知道我的话是不错了！

弟某某　月　日

劝勿贩毒品

某某仁兄先生大鉴：别未几时，殊殷系念。迩闻
台驾抵申后，不特喜营投机事业，并大量贩卖毒品；某窃期期以为未可，盖利之所在，弊即随之。此等营业，在全无心肝之奸商为之，固不足责；
足下身家清白，资本富裕，堂堂整整之途，何事不可为，而经营及此；是不走康庄大道，而行仄径羊肠也，计诚左矣。叨在　爱末，用敢直陈。倘不河汉斯言，速改弦而易辙。回头是

岸，犹未晚也。率泐，匆请

时安不既。

弟某某鞠躬　月　日

【注释】

期期：口讷也。

堂堂：冠冕之途。

整整：整齐之貌。

康庄大道：指大路正路言。

仄径羊肠：指狭小之途言。

改弦易辙：言变更主张。

回头是岸：言觉悟改悔，便可无愧也。

【前函语译】

某某先生：

分别虽没多时，念你却很殷勤。听说你近来到了上海，不但喜做投机事业，且公然贩卖大批毒品；我却以为大不然。大概事情有利必有害，利息越大，害人越深。这种营业，在毫无心肝的奸商去做，我们固然无从责备。足下身家清白，富有资本，堂堂正正的事业，那样不可做；却要做这种事情；大路不走走小路，主意真大错了。你我叨在知己，敢把直言相劝。如果你以我的话为是，从速改营别业。“回头是岸”，还不算迟哩。

弟某某　月　日

劝提倡国货

某某先生雅察：昨诣

宝号，见陈列舶来品甚多，五光十色，大足发展营业。然鄙意谓外货多销一分，利源即多溢出一分，漏卮不塞，国何以裕？人当早鉴及此。况我辈向以爱国自命，提倡国货自任；君今若此，亦未免令人齿冷。望速将原有货物售罄，切勿再进外货，庶供者既无以应，而求者自可渐希矣。挽回利权，舍此末由。相知雅托有年，用敢竭诚忠告，统希　垂察，不庄。

弟某某鞠躬　月　日

【注释】

溢：音逸，水外流也。

漏卮：卮，酒杯。利源之溢出，如酒之从卮中漏出也。

齿冷：笑我意。

【前函语译】

某某先生：

昨天到你店里，看见陈列的洋货甚多，“五光十色”，大足使营业发展。但是我们多销一分外国货，就是多溢出一分利源，漏卮不塞，国家怎样会富裕？这是谁也知道的！况且我辈向来把爱国自命，提倡国货自任；你现在如此，难免要受人讥笑。望你赶快将已进此的货色卖完之后，切勿再进外货！我们不卖外国货，买的人也就渐渐儿少了。挽回利权，除此没有别的法子。彼此交好多年，敢用这些直话来劝你；望你仔细考虑一下！

弟某某　月　日

劝勿信风水

某某兄鉴：正深想念，忽奉

瑶章，藉悉

令尊葬事，迄未就绪，扪险探幽，绝少佳壤，大有“踏破铁鞋无觅处”之概。弟窃以为过矣。夫所谓风水者，非以先人骸骨，为我子孙造福也。但求风不侵，水不湿，得高燥黏固之地，以安我先人，于愿已足。 兄能抱此宗旨，则牛眠吉地，即在目前。计不及此，而徒听堪舆家言，则此也缺丁，彼亦少贵，众说纷如，莫衷一是。而我先人入土之安，反因之而延搁。是岂孝子顺孙之用心哉！狂妄之见，还祈 察核是幸。肃此，即请

大安。不既。

弟某某鞠躬 月 日

【注释】

扪：音门，摸也。

骸：音谐，骨也。

黏：音年，腻也。

牛眠：葬地之吉者。

堪舆：即地师。

【前函语译】

某某先生：

正想念时，忽然接到你的信，因此晓得令尊的葬事，到现在还没有成功，东寻西找，竟没有找到一块好地。我以为你错

了。那个风水的说法，并不是想靠了先人的枯骨，替子孙们造福的。只要求一高燥坚固不受风水侵蚀的地方，拿来安葬我们的先人，那就心满意足了，你能抱定这种宗旨，那么好地倒就在目前。不从这里着想，徒听那地师的说话，什么这地没丁，那地少贵，异说纷纷，反而弄得人没有主意，先人“入土为安”的大事，竟因之而搁起。这是孝子顺孙所应该的吗？我的愚见，请你不妨考虑一下。

弟某某　月　日

劝勿尚艳妆

某某贤姊妆次：昨途遇　贵校某同学，据言吾　姊在校，功课甚佳；大为快慰。惟近好修饰，殊属非宜。“慢藏诲盗，冶容诲淫”，古训所垂，吾　姊当亦闻之熟矣。不读书者姑无论；我辈既入学校，即当以改良社会，以身作则为己任。自好修饰，他日何能作女中模范乎？愿吾　姊听予戆直，速改前行，则吾　姊为完人，而　贵校名誉，亦因之而日隆矣。专肃，即请

学安。

妹某某裣衽　月　日

【注释】

慢藏诲盗：有物不藏，则盗贼生心，是不啻诲之也。

冶容诲淫：冶音野。冶容，装饰也。

【前函语译】

某某贤姊：

昨天途遇贵校的某同学，说你在校功课很好；我很是快慰。又说你近来欢喜装饰，我以为很是不宜。“慢藏诲盗，冶容诲淫”，这是古人的格言，吾姊当亦听得熟了。不读书的人不去讲他；我们既入了学校，就应当把改良社会，以身作则当做自己的责任。今日自己好装饰，将来还能作社会的模范吗？愿你赶快听了我的话，那么吾姊是一个完人，贵校的名誉，也就可以日起了！

妹某某　月　日

劝勿姑息子女

某某姑母大人侍右：睽隔

慈颜，瞬经数月。孺慕之私，与日俱积。敬维

福躬清泰，潭第延厘，为慰为颂！侄女闺帏伏处，从事针黹，稍分

慈母之劳；当亦　长者所乐闻也。昨某妈来，云及两表弟不时逃学，

大人不加督责，反为优容；是非爱之，适以累之也。际兹竞争世界，无学问则不能生存。两弟正在求学时代，而可任其蹉跎乎？“少壮不努力，老大徒伤悲”；日月易逝，大人幸勿以其年幼而姑息也。愚直之见，统希

采纳，并乞恕罪是幸！肃泐，敬请

懿安。

内侄女某某肃禀　月　日

【注释】

孺慕：小儿之思慕父母也。

潭第：称人之居宅也。

闺帏：谓闺中之帷幔也。

黹：读如致上声。女工为针黹。

蹉跎：言岁月之枉费也。

姑息：谓待人以私爱，而不顾正道也。

【前函语译】

姑母：

自从不见你的面，已经有几个月了。思念你的心，真同日子一般的加多。你的身体和家庭，想来一定都很好！我在家里，天天帮助母亲做针黹；这话应该是姑母所乐闻的。昨天某妈来，说起两表弟时常辍学，姑母不加督责；这不是爱他们，反是害他们了。当这竞争的世界，人没有学问，是万万不能生存的。两弟正在求学的时代，能够听其蹉跎么？“少壮不努力，老大徒伤悲”；光阴实在容易过去，大人万不可因他年小就姑息啊！愚直的说话，望你采纳，并请勿要见罪！

内侄女某某　月　日

劝勿自由离婚

某某贤姊惠览：河梁握别，自春徂秋。鱼雁虽通，能不怅然！侧闻吾　姊时出游散，不理家政，致夫妇间，时相反目。近更拟与姊夫离异；妹窃以为不可。夫自由固吾人应享之权利；法律亦吾人应守之天职。上事翁姑，下抚子女，均为妇女应尽之事。吾　姊均不之务，而任情游览；是自己已不守法

律上之自由矣，家庭安有不干涉者乎？咎由自取，而犹以离异为要挟，宜乎否乎？狂谬之见，还祈

察核！此请

俪安。

妹某某妆衽　月　日

【注释】

河梁：分别处也。

徂：音锄，往也。

反目：谓夫妻不和也。见《易经》。

咎：音旧，过也。

狂谬：狂妄荒谬也。

【前函语译】

某某贤姊：

春间分别，转眼又是秋天了。信虽常通，心中能不怅惘吗？我听到别人说你日常外出游散，不理家事，夫妻时常争吵。近更想和姊夫离婚，我以为这事，你太过分了。自由固然是我们应享的权利；但同时也应尽遵守法律的义务。事奉公婆，抚养子女，这都是女子应做的事。现在你不把这种事当

事，一味任意外出游散，是自己已不守法律上的自由了，家里的人怎能不干涉你呢？你自己做错了事，还要拿离婚来要挟男人，应该不应该？我的见解虽狂妄，望你细想一下才好！

妹某某　月　日

第三编　人事类

聘西席

前耳
盛名，得亲
雅教；自违
芝采，弥切葵倾。即维
某某先生著述宏富，教育贤劳，以欣以颂！弟舌耕如昨，了无可告。舍亲某君，迩因子弟众多，就学他乡，诸多不便；来岁拟聘一品学兼优之新人才，在家教授，浼弟代为物色。因思足下槃槃大才，学贯中西，克膺斯职；第枳棘丛中，不知鸾凤肯为息驾否？如承　金诺，弟当致函前途，束帛登门延请。薪金若干，乞
示遵行。叨属知己，谅不责予冒昧也。手此布恳，即候

玉复；顺请
撰安。

弟某某谨启　月　日

【注释】

葵倾：向慕意。

舌耕：读书人不种田，以舌代耕也。

物色：寻访也。

槃槃：音盘，大器也。

膺：音因，承也。

枳棘：音只吉，有刺的树。

鸾凤：鸟名。喻人之有才者。

金诺：即季布一诺千金之意。

束帛：以一束之帛来聘也。

【前函语译】

某某先生：

从前听得你的大名，因此得亲近你的雅教；自从分别以后，心里非常倾慕。料想你的著作一定很宏富，从事教育也一定很贤劳。我在教育界，仍旧同从前一样，没有什么值得报告。兹有舍亲某某，近来因家里的子弟众多，到他乡去就学，很有许多不便；明年想请一位品学兼优的新人物，在家教授，特地托我物色。因此想到先生才大学博，学贯中西，承担这个责任，资格很相当，但是这小小的位置，不知道大驾肯屈就吗？如果蒙你答应，我当写信给舍亲，教他再下聘书。修金一项，请写信告诉我。叨在知己，幸勿责我说得冒昧，特地奉请，望你回信！

弟某某　月　日

聘经理

自违

芝采，倏易蟾圆，翘首云天，曷胜惦念！即维

某某先生潭祺集吉，履祉凝庥，为慰为颂！某枌榆株守，静极思动；更以友人相劝，已合组一国货公司，专以提倡国货，改良土产为宗旨。目下投资入股者，颇不乏人。惟经理一席，实难其选。经几次会议，佥以

先生为商界先知，对于货物之美恶，销路之滞旺，均极有经验。若肯俯就，咸表欢迎。某因不揣冒昧，即将聘书及程仪等专足奉上。尚祈　不吝教益，惠然贲临，毋任企盼！敬请

筹安。

弟某某鞠躬　月　日

【注释】

蟾圆：蟾音船。相传为月中三足蛙。蟾圆一次，即是一月。

惦：读如店，上声，谓思念之切也。

枌榆：指家乡言。

佥：音签，众也，皆也。

贲临：光临也。

【前函语译】

某某先生：

有一个月不见面，仰望云天，能够不想起你吗？我在家乡坐守，“静极思动”；近来因为友人的怂恿，已经合组了一个国货公司，专门以提倡国货，改良土产为宗旨。现在投资入股的人很多。但要找一个担任经理的人，倒很困难。开会议了几次，大家说先生是商界的前辈，对于各种货物的好坏，销路的旺滞，都极有经验的。先生如果肯俯就，同人都极欢迎。我因此就冒冒失失把聘书及程仪等，专差送上。请你不吝教诲，即日命驾，这是我们很盼望的。

弟某某　月　日

聘顾问

某某先生执事：金陵聚首，得挹
芝眉，言必性情，语皆恳挚，钦佩私衷，楮墨难宣矣！某出宰邗江，愧无建树。迩以军事倥偬，办事更多棘手，每有我觉是而人以为非者；是皆指示乏人，无所折衷之故耳。
执事槃槃大才，识超见卓，法律精通，拟屈以幕中顾问一席，藉收指臂之助。兹特遣价奉上程仪百元，聘书壹纸，即希惠然贲临，襄助为理。感切盼切！敬颂
文祺。

弟某某鞠躬　月　日

【注释】

金陵：即南京。

恳挚：谓言语诚实也。挚，音至。

邗江：即扬州。

倥偬：音空聪，忙也。

棘手：犹言不顺手也。

槃槃：大器也。

【前函语译】

某某先生：

我在南京见到你，听你的说话，很是诚实恳挚，心里钦佩得很！现在我做了扬州的县长，惭愧没有一点儿好政绩。近来又因为军事倥偬，办差更多棘手，每每有我以为是，人却以我为不是的地方。这都是没人指示，无从折中的缘故。先生才高识广，法律精通，我想请你做个本署的顾问，可以帮帮我的忙。所以特地差人送上程仪壹百元，聘书一封，望你肯立即命驾前来。那是我所很感激很盼望的。

弟某某　月　日

聘教练

某某先生足下。敬肃者：敝所教练员某君，现因事辞职，尚未有人按充。第教练一席，至为重要，不可一日有缺。

足下昔曾同事，学识夙所景仰。鄙意拟以此席奉屈，既驾轻就熟，亦人地相宜。想抱爱国热忱，为后生先觉者，雅不愿此警

士有一时失学之慨，当必能允如所请，幡然惠临也。手此劝驾，不尽欲言；并颂
教安。

弟某某鞠躬　月　日

【注释】

幡：音翻，即翩然意。

【前函语译】

某某先生：

我们警察所里的教练员某君，已因事辞去，现在还没有人补充。但是这个职务很重要，不可一日或缺。你是我的老同事，学问知识，向来很是佩服。我想把这个职务，请你担任，既可说“驾轻就熟”，又好算“人地相宜”。先生向抱爱国热心，又是后辈的先知，难道愿意这些警士，有一时失学的痛苦吗？想你一定可以允许我的请求，立即就任的。

弟某某　月　日

聘校长

远违

道范，每切驰思，翘企云天，曷胜怅惘！辰维

某某先生著述宏富，桃李众多，为无量颂！某承乏教职，于今三年，粟碌如恒，苦乏善告。兹以友人所托，某方新办一实业学校，筹备已牊有端倪，惟校长一席，尚在虚悬，浼弟代为物色。因思研究实业有年，经验智识均极富有者，

先生而外，几乎寥若晨星。为该校培植人才计，为国家实业前途计，

先生当肯出其所学，以助成提倡实业者之进行也。是以不揣冒昧，专函劝驾，幸

垂察焉；并希　玉复，顺颂

台绥。

弟某某鞠躬　月　日

【注释】

怅惘：音畅网，失意貌。

桃李：喻学生。

犓：同粗。

端倪：头绪也。

【前函语译】

某某先生：

别后极为想念，抬头远望云天，心里就怅惘起来了。料想你近来的著作一定很宏富，学生一定很众多，更无须我说了。我自从执教鞭到现在，已有三年，仍是忙忙碌碌，一无成绩可告。今因友人办一所实业学校，一切手续将近完备，只有校长一席，还没有找到相当的人，嘱我替他物色。因此想起研究实业有年，经验和智识都很富有的人才，除了你外，很是难找。我以为替该校培植人才，和我国实业前途上着想，那么你应当拿出所学的来，助成那提倡实业的进行的，所以顾不得冒昧，写信来劝驾；并请你给我一个回信！

弟某某　月　日

聘技师

某某先生足下：分袂以来，君游冀北，我滞岭南，一纸音书，久疏申候，歉也何如！启者：某前集合公司，开办一某某工厂，行将数载，蝇头未获，马齿徒增，殊不足为知己告。迩闻尊驾新由某校毕业归来，对于机械一门，极有心得。敝厂曾拟增设是项工作，嗣以人才缺乏而止。今知
足下学成回里，大慰吾侪云霓之望，拟即延为主任；未识
先生肯俯就否？如承
金诺，当即亲诣
台端，接洽一切也。琐渎，顺颂
文祺；即候
玉复。

弟某某鞠躬　月　日

【注释】

分袂：袂音妹。分袂，即分手之意。

冀北：指河北省。

岭南：指广东省。

蝇头：喻利微也。

马齿：谓年龄也。

云霓：霓，虹也。《孟子》：若大旱之望云霓也。

【前函语译】

某某先生：

和你分手之后，你归河北；我到广东，一封信也没有来候你，很是抱歉！我从前集股开办某某工厂，做了几年，一点儿好处没有，徒然加了几岁年纪，没有什么可以告诉你。近来听说你新从某校毕业回来，对于机械一科，极有研究。我们厂里本想添办这种工作，后因主任人才一时难找，才作罢论。现在知道你学成回来，大慰我们改造的渴望，想就聘你做主任；但不知肯委屈小就否？如果承你答应，我就即刻到你处来接洽一切。望你立即复我一信。

弟某某　月　日

雇乳母

某某表妹爱鉴：握别

兰仪，弥殷葭溯。遥想

锦帏春暖，绣阁香浓，允如忭颂！姊儿女缠膝，殊足为累。日前又举一男，堕地后乳汁即少，不敷哺饮，呱呱终日，情实堪怜。幸有某妇因事来舍，人颇老成，乳亦浓厚，询其能否外出，伊颇乐为乳母，月薪亦当即订定，并说明昨日即来。吾妹与伊相近，务恳促其即日前来，以免吾赤子啼饥。有费 清神，容后晤谢。肃此，顺颂
阃安。

表姊某某谨启 月 日

【注释】

锦帏：即绸幔。

呱呱：音孤，小儿哭声。

【前函语译】

某某表妹：

别后很思念你。料想你的锦帏绣阁中，一定是春暖香浓，十分舒服的！我儿女众多，很是受累；日前又生了一男，堕地之后，就缺少乳汁，孩子哺的不饱，终日啼哭，实是可怜。幸亏有个某姓妇人因事到我家里，人极老成，乳汁也浓，问她能否外出，她很愿做乳母，月薪也当即说定；并订明昨天就来。表妹同她的住处很近，请你催她一声，免得小孩子时刻啼饥。费了你的神，等待会面时再谢你。

表姊某某 月 日

辞经租

某某族长大鉴：昨奉
钧谕，借悉族中田事，乏人管理，委侄经手。侄何敢辞？第侄经商作嫁，为时已久，每年任务，重在秋冬；而田租之出纳，亦适在此时。揆理度情，势难兼顾，不得不以负负为
长者道。否则以祖宗之事，虽拨冗为之，亦所心愿；宁敢有违
尊意耶？不情之请，统希
曲宥！敬请
尊安。

族孙某某谨叩　月　日

【注释】

作嫁：唐诗：为他人作嫁衣裳。凡为他人作事，统曰作嫁。

负：音妇，上声。自愧无以对人，曰负负无可言。见《后汉书》。

揆：音鬼，度也。

拨：必协切，读如百，除也。即拨开之意。

冗：音勇，忙也。

【前函语译】

某某族长：

昨天接到信，承你把族中的租事委托我经管，我本不应该推辞。但是我长在外面做生意，任务最重要的时候，就在秋冬两季；而田租的出入，也恰在这个时候。揆情度理，实在是不能兼顾。所以不能不向长者呼“负负”了。如果不是这样，祖宗的事情，尽管拨开了别种忙的事去做，也很愿意的，还肯违背长者的意思吗？这种不情的地方，千万望你原谅！

族孙某某　月　日

辞招宴

某某先生大鉴：数日不晤，正殷遐想，辱承
宠招，荣幸何似！来日之约，本拟饱饫　郇厨，一快我朵颐之福；奈因　家慈病笃，刻不能离，以致有辜
盛情。可知一饮一食，亦有数存乎其间。兹谨心领，泐此道谢，顺颂
秋祺。

弟某某鞠躬　月　日

【注释】

郇厨：唐韦陟封郇，厨中美味错杂，人入其中，皆饱饫而归。后人多借为尊称。

朵颐：朵，睹火切，多上声。颐，音移。朵颐，谓啮物颐动也。见《易经》。

【前函语译】

某某先生：

几天不会面，正在想念你，忽然承蒙你招饮，真是荣幸极了！我本想明天到府叨扰你的盛馔，一快口福；无奈家母病重，一刻不能离开，所以不得不辜负你的盛情了。可知人间的一饮一食，也莫不有数。你的盛情，只好心领，特地写这信谢谢你。

弟某某　月　日

辞教员

某某先生惠鉴：维扬一晤，翌宿分袂。何相见晚而相离速也？别后即于某日抵澄，某日到校。下学期通盘预算，于学生则减去十之三，于经费则短少十之二。　令友某君所担任之补习科，照近状而论，只有停办之一法。务乞　转致前途，另觅高就。好在　某君品高学粹，定然到处欢迎。即万一赋闲，弟遇相当机缘，亦必有以报之也。肃泐，敬请　道安不既。

弟某某鞠躬　月　日

【注释】

维扬：即扬州。

翌：音亦。翌日，明日也。

澄：江阴。

赋闲：晋潘安仁有《闲居赋》。今称失职无事曰赋闲。

【前函语译】

某某先生：

扬州会晤，隔一天就大家分手。为什么我们相见得这样晚，相离得又这样快呢？别后我就在某天到了江阴，某天到校。下学期事，通盘预算：学生方面，要减去十分之三；经费方面，要短少十分之二。令友某君所担任的补习科，照目下情形而论，只有停办一法。请你转告某君，另觅高就。好在某君品学兼优，定然到处欢迎的。即使万一赋闲，我碰着有相当机会，一定要介绍他的。

弟某某　月　日

辞伙友

两奉

手书，备聆一是。比想

某某先生，起居康吉为颂！启者：前承

介绍某君，为敝号招待，赋性朴诚，办事勤谨；极资倚畀。奈敝号因受去岁战事影响，不得不缩小范围，借资节省。　令知己一席，业已裁并；祈

转嘱别谋高就。好在青萍结绿，不虞赏识无人，幸勿以敝处之脱离而介怀也！抱歉私衷，诸希　曲谅！此请

台安。

弟某某鞠躬　月　日

【注释】

倚畀：畀，音陛。可靠意。

青萍：剑名。

结绿：玉名。

介怀：谓心有所不快也。

【前函语译】

某某先生：

两次接到你的信，各事都知道了。料想你老先生的起居，一定很是平安！前次你荐给我的招待员某君，性情诚朴，办事也很谨慎；我很倚重他。无奈本店因受了去年战事的影响，不得不缩小范围，节省些开支，令知己的位置，现在已经裁并了；望你转告一声，别谋高就罢。好在像他那样的才具，不怕没有人赏识，不必因我处脱离，心中就觉得不快啊！抱歉之处，还要望你原谅！

弟某某　月　日

辞合股

某某先生台鉴：昨展

大札，藉悉　锐意经商，拟在某埠倡设国货公司，以挽溢出利源。股虽集有成数，第为山九仞，尚亏一篑，徵弟凑而成之；固所深愿。但弟自经营某业以来，时运欠佳，屡遭失败，所出资本，半付东流。原有营业，刻尚不能支持，发展一层，万难希

望。承　嘱事只得有辜美意，请另觅有力者为之也。方　命之愆，统乞　见原是幸！专泐，谨请
日安。

弟某某手复　月　日

【注释】

方：逆也。

愆：音牵，过也。

【前函语译】

某某先生：

昨天接到你的信，知道你很努力经商，想在某埠创办一个国货公司，挽回那外溢的利源。股份已将近招足，要我出资凑成足数；本来是极愿意的。但是我经营某业之后，时运不佳，屡次失败，资本差不多蚀去一半。原有的事业，现在尚且不能够维持，发展这两字，实在是没有指望。承你招我入股，不得不辜负你这一番好意，请另觅他人来助成你罢。一切望你原谅！

弟某某　月　日

辞出游

某某贤姊惠鉴：兀坐书斋，正殷遐想，忽一片
朵云，自天半飞至。开缄快诵，愜我心怀。明日星期，约赴某园一叙，借畅胸襟，大是快事！奈妹自到校以来，屡为病魔缠扰，所受各课，仅涉猎而未经深究。刻复大考在即，设有疎虞，不特于班次小有出入，即于平时之学业程度，实有莫大关系。以故功课余闲，不得不稍事补习。此妹近日不能出游之实在情形也。携手同游，愿俟之异日。肃泐，即请
妆安。

妹某某裣衽　月　日

【注释】

朵云：谓信也。

愜：音箧，满也，快也。

魔：音摩。病魔，犹云病鬼。

缠：音廛，牵扰意。

涉猎：略视一过之意。

【前函语译】

某某贤姊：

独坐书房中，正当想念你，忽然你的信从远处寄到。看了很是高兴。明天星期日，约我至某园一叙，借此畅达胸襟，大是快事！无奈我从到校之后，病不离身；所上的课程，仅略为看过，没有用过一些研究功夫。现在大考又在目前，倘有疏忽，不但不得升班，且对于平日间的学业程度，也很有关系。所以在课外时间，不能不略为补习。这是现在不能出游的实情啊。和你携手同游，只好等着将来的日子罢。

妹某某　月　日

辞兼职

某某贤姊惠鉴：客窗沉寂，正感离群，乃

手书适至。其快慰为何如也！　贵校缝纫教员，因事去职，嘱妹暂为兼代；事属桑梓义务，理宜遵　命履行。奈敝校因经费问题，教员额少，所任各职，均无余力以补助他方。更兼妹学识浅陋，承　委庖代，决难胜任。还祈另觅相当人物。方　命苦衷，统祈　原宥！手此布复，并请教安。

妹某某裣衽　月　日

【注释】

沉寂：犹言冷静也。

离群：孤寂之意。《礼记》：离群索居。

缝纫：纫，音刃。缝纫，手工针黹科也。

桑梓：梓，音止，家乡也。《诗经》：维桑与梓，必恭敬止。

额：定额也。

庖代：请人代事曰庖代。

【前函语译】

某某贤姊：

客中清冷，正恨孤寂，你的手书，恰巧在这时候寄到。真快慰极了！贵校的缝纫教员辞职，要妹暂代；这是家乡义务，极应该遵命的。无奈敝校因经济困难，教员向来比别校少，所以各人担任的功课，都没有余力可以补助别方。况且我的学识，又很浅陋，承你委我兼代缝纫这一课，实在是担任不下的。所以只有请你另觅相当的人物。我的苦衷，望你原谅为幸！

妹某某　月　日

诘问族中公款

某某贤弟惠鉴。径启者：我族家庙，何以议建许久，迄未兴工？致函探问，据云因　弟处公款不能支用，须另行捐丁，方克举办。兄闻之，不胜骇异！夫以祖宗之款，为祖宗建祠，亦属分所当然。今吾　弟揹不交出，岂以款项一经存放，即不能动用耶？抑一族公款，可视作个人私有耶？公理所在，人不能恕。尚祈　从速措缴，以应建筑之需，愚直之言，统希　采纳，是为至幸！肃泐，即问

迩祺。

愚宗兄某某手启　月　日

【注释】

揹：音垦，把持也。

【前函语译】

某某贤弟：

我族要建筑祠堂，何以议论了许久，现在还没有兴工？我曾

经写信去问，据族中人说：因存放你处的公款，不许动用；必须另行捐丁，才能兴工建筑。我听了很是骇怪！我们拿祖宗的钱，造祖宗的屋，这是应该的。现在你不肯将这公款交出，难道款子一经你手存放，就不能动用么？还是一族的公款，可算得你的私有呢？公理所在，大家是不能宽恕你的。望你将这款赶速筹足交出，拿去作建筑的用费。愚直的说话，望你采纳为幸！

宗兄某某　月　日

询问地方情形

某某仁兄阁下：阔别良久，思念为劳。但地角天涯，徒增怅惘耳。遥维

政躬笃祜，履祉罄宜，为慰为颂！敝邑土瘠民贫，各事依然守旧。弟于本年某月日，到此任事，目击情形，亟思有以诱掖而改良之。但学浅才疏，恐难奏效。

尊处民情若何？地方实业若何？出产向以何者为大宗？得

大才为之整理，必有因地制宜之策，所谓“庖丁解牛，游刃有余”也。　公余乞详示一切，以作先机之导，而备借鉴之资。鳞鸿有便，伫候

明教。敬请

勋安。诸维　爱照。

弟某某鞠躬　月　日

【注释】

庖丁解牛两句：见《庄子》。誉人之办理此事，绰有余裕也。

借鉴：谓以他人之事为法也。

【前函语译】

某某仁兄：

好久不见，念你得很。不过相离很远，无法聚首，徒然加一重怅惘罢了。敝县土瘠民贫，事事守旧。我在本年某月某日到这里任事，看着这种情形，就想诱导他们去改良。但是学浅才疏，恐怕难于奏效。你那边民情怎样？地方实业怎样？出产向来把何种算大宗？有你在那里整理这一切事情，一定有“因地制宜”的妙策，合于所谓“庖丁解牛，游刃有余”的。公余请你写一封详细的信来，开导开导我，给我当作榜样。

弟某某　月　日

询问学校停办原因

某某校长先生文鉴：昨有某友自　贵县回，据述　贵校业已停办。闻之颇觉怪异。窃思学校以经济为前提，而　贵校办有的款；以学生为主体，而　贵校生徒足额；以名誉为进退，而　贵校声闻素隆：以上列各端而论，均不至发生障碍。而今忽以停闭闻，当必有特别之原因在焉。弟相知有素，故于　贵校已往情形，知之最详。现在究因何故而中止？尚乞详密　示复，俾知底蕴，不胜企盼。顺颂

文祺。

弟某某拜启　月　日

【前函语译】

某某校长：

昨天有某友从尊处回来。说起你们的学校现已停办。我听了很是骇怪。办学校的为难，第一是经费；但是你办的学校是有的款的。第二是学生；但是你校的学生额子很足。第三是名誉；但是你校的名誉向来很好。把上列各端而论，都不至于发生障碍。如今竟然停办，个中当然有特别的原因了。我和你是

多年的老友，所以对于贵校的经过情形，是很明白的，现在究竟为什么缘故停办？还望你把底细告诉我！

弟某某　月　日

探问罢课原因

某某先生讲席：久未握叙，企念良殷。离群索居，彼此谅有同感也。

贵校近日闻有罢课风潮；据云训育处不问理由，开除多数学生，激成此变。然乎否乎？夫学生嚣张之风，固不可长；而训育处措置，亦须准情酌理，俾学生心悦诚服。然后学校之名誉以起，学生之性情日粹。所谓潜移默化，以底于成也。

贵校罢课原因，究属如何？还乞　详示，俾调人有所措手，庶一误于前，不至再误于后。

先生以为何如？匆泐，即请

撰安。

弟某某拜手　月　日

【注释】

嚣张：不安分意。

措置：料量事件之称。谓操守各得其宜也。

潜移默化：渐渐移动，暗中化导也。

措手：着手之意也。

【前函语译】

某某先生：

好久不叙，想念得很。孤寂的苦况，想来大家是一样的。听说贵校近日又起了罢课风潮；因为训育处不问理由，开除多数学生，激成这样事变。这话究竟确不确？那学生嚣张的风气，本不可以放任；但是训育处办事，也应该准情酌理，才能叫学生们心悦诚服。这样，学校的名誉自然会好，学生的性情也自然会纯粹了。所谓“潜移默化”的成绩，就是如此。贵校这次风潮，究是何种原因？请你详详细细告诉我，使得调人有着手之处，不至于再有差错。上面所说，不知你以为怎样？

弟某某　月　日

问矿质与矿苗

某某先生执事：重洋返国，把晤未遑，翘企
芝辉，正殷葭溯。昨奉

瑶函，欣悉

先生拟组织一煤铁公司，购置某省矿山试办；嘱弟代招股份，曷胜荣幸！第不知该山矿质是否纯粹？矿苗是否兴旺？诚于中者，必形诸外；　　先生精通矿学，必知底蕴。望将化验成分，详细

示知：内部含铁若干？含煤若干？庶介绍人得有把握，入股者则自形踊跃。是亦实事求是之一法也；

先生以为何如？琐渤奉询，即请

时安。

弟某某谨复　月　日

【注释】

把握：谓事已确定者，曰有把握。

【前函语译】

某某先生：

你从外洋回来后，还未得暇晤谈，正在想念中。昨天接到你的信，知你要组织一个煤铁公司，购置某省矿山试办；托我代招股份，真个说不尽的荣幸！不过不晓得这山的矿质，是否纯粹？矿苗是否兴旺？内容美恶，外面必显；你是精通矿

学的人，一定晓得这矿的内容。望你拿这化验的成分，详细告我：究属有铁几成？有煤几成？这样，我对人说话有了把握，入股的人，也自然来得踊跃了。这是实事求是的法子；不知先生以为怎样？

弟某某　月　日

问新茧市面

某某先生案右：乡关一别，转瞬麦秋。弹指流光，令人生感！现届蚕事已终，我省竞告有秋。昨阅海上各报，借知欧西诸国，因天气骤寒关系，收成均歉。鄙意我国新茧上市，价必有增无减。

先生业此有年，市面较灵。此后市价能否立定？抑仍有起落？尚祈

示我以已往之经验，作我未来之标准。乘势待时，维君马首是瞻矣。耑布，祇颂

台绥；并候

玉复。

弟某某鞠躬　月　日

【注释】

麦秋：四月节。

有秋：年成好，统曰有秋。

乘势待时：《孟子》：虽有智慧，不如乘势；虽有镃基，不如待时。

马首是瞻：喻唯命是听意。《左传》：唯余马首是瞻。

【前函语译】

某某先生：

故乡一别，又到麦秋天气了。光阴迅速，不由不令人生感！现在蚕事已毕，我省收成不坏。昨天我看到海上各报纸，知道欧洲各国，因天气骤然寒冷，收成都不大好。我想：我们今年新茧上市，价格一定有增无减。你经营这种事业已有多年；比较我们熟悉市面。此后茧价能否立定？或还有涨落？望你将过去的经验告诉我，做我未来的标准。看风势，等机会，我是唯先生之命是听的。

弟某某　月　日

问甥女病状

某某贤姊妆次：久不聚晤，系念深矣，顷某妈来，云及　贤甥女自旅行还，即寒热交作，热盛则且多呓语。吾　姊疑是祟病，祇延女巫祈祷，而不求治于名医。妹窃以为不然！盖吾人热度过高，神经必乱，语无伦次；热退则呓语自止。医书载之綦详，吾　姊岂未之闻？迩日病势可稍退否？如仍沉重，祈速请名家诊理，勿为迷信所误。愚昧之见，还祈　采纳！临风布意，不尽所怀。此请

阃安。

妹归某某郡谨上　月　日

【注释】

呓：音艺，昏迷之语。

祟：音岁，鬼神祸人以求食也。

綦：音奇，极也。

【前函语译】

某某贤姊：

许久不聚，很是思念。恰才某妈来，说及贤甥女从旅行回来，就大发寒热，热盛且多呓语。姊姊疑是邪神作祟，祇延女巫祈祷，独不请医生诊治。我却很是反对！大概人的热度过高，神经必定错乱，说话就没有秩序；热退自会照常。医书中载得很详细，难道姊姊没有听见过？现在病势怎样了？如果还是沉重，赶紧请好医生看，不要再被迷信耽误。愚昧的见识，总要望你采纳才好！

妹某某　月　日

问乳母已否雇到

某某贤姊爱鉴：月前在

府，诸多叨扰，嘉肴美酒，至今犹留芬齿颊间也。返里后，为小女部署嫁务，月初始得竣事。向平素愿，虽经了却，而挖旧补新，已觉支持不易矣。闻吾

姊于某日分娩后，乳汁无多，拟雇乳母；日来未知雇得否？乳母应择体无隐疾，品性纯正者为佳。盖小孩受其抚哺数年，身

体性情，大有关系。吾侪欲爱护儿童，不可不慎以取之也。是否有当，统祈

察核！顺请

俪安。

妹归某某郡某氏手启　月　日

【注释】

部署：料理也。

竣：音诠，完也。

向平：汉向长字子平，为男女婚嫁毕，即出游五岳，不知所终。

娩：音免，生子也。

【前函语译】

某某贤姊：

月前在你府上，叨扰你的盛肴，我的齿颊间，到现在还留着余味。到家就替小女料理嫁事，月初才办毕，向平的愿虽了，却很觉得吃力。听说姊姊于某日分娩之后，乳汁不多，打算雇个乳母；不知道近来几天有没有雇到？但是乳母应该拣个身无隐疾，品性纯正的为最好。因为我们小孩子要受她抚育几

年，乳母的身体性情，都是很有关系的。我们要爱护小孩，不可不小心从事。我的话对与不对，望你加以考虑！

妹某某　月　日

谢调停讼事

某某先生台鉴。径启者：弟前与家兄纠葛一节，彼固僭占过分，我亦意气自豪；非
先生出任鲁连，几至变起阋墙，操戈同室。所谓同气连枝之谊何在！事后思维，岂吾辈所宜出此者。　先生感以亲情，激以大义，平我一时之愤，玉成手足之和，　先生之功伟矣；先生之恩，其可忘乎！感泐之余，肃函鸣谢；并请
道安。

弟某某鞠躬　月　日

【注释】

纠葛：缠结不得解决也。

僭占：据为己有也。僭，音荐。

鲁连：即鲁仲连，古之善调停者。

阋墙：争斗于墙里也。《诗经》：兄弟阋于墙，外御共

侮。阅音歇。

操戈：持器争斗也。兄弟相争，谓之同室操戈。

同气：《千字文》：同气连枝。

一脉：谓同一父母所生也。

【前函语译】

某某先生：

我前次同家兄交涉的那件事，他固然过分，我也不免负气；不是先生出来调停，竟是弄得兄弟失和了。还有什么“同气连枝”的情谊呢？事后思想，觉得很是不该。先生用亲情感动我，用大义激劝我，平我一时的愤恨，成我兄弟的和好，先生的功真不小；先生的恩惠，怎么可以忘记呢？心里感谢不尽，所以写封信来谢谢你。

弟某某　月　日

谢介绍生意

某某先生台鉴。径启者：自敝处惨遭兵燹后，逃避他方者，尚未尽归。身家殷实者被劫一空，生计之艰，不堪言状！弟困守乡关，片筹莫展，大有水尽山穷之概。幸先生一言九鼎，介绍入某肆司账，一身既得温饱，举家亦借免饥寒；戴德铭心，曷其有极！

肃函鸣谢，敬请

台安。

弟某某鞠躬　月　日

【注释】

水尽山穷：喻无路可走也。

一言九鼎：喻其言之重而有价值也。

【前函语译】

某某先生：

我乡自从遭了兵燹之后，逃避他方的，还没有全数回来。身家殷实的，被乱兵抢劫一空，生计都艰难到极点。我困守乡间，没有一点儿法子可想，将应着“水尽山穷”的那句话。幸亏你荐我到某店里去司账，一身既得饱暖，全家也不至于冻饿；此恩此德，感激你那有尽期！今天特地写封信来谢谢你。

弟某某　月　日

谢委任职务

某某仁兄先生大鉴：前于赴杭途次，遇敝友某君，述及
足下高谊，某君感沁心脾，并云
尊意不弃菲材，即拟委以要职。闻悉之下，感与愧俱！盖重要位置，职责重大，非富有学识与经验者，曷克胜任。自维庸才，何敢奢望！昨在沪寓，果奉有
委任某某银行监督之电。足征
知己爱我，迥异寻常，汲单寒而得操财政，诚喜出望外矣。敢不洁身奉职，借答　知遇之恩！下月初旬，定当趋谒
崇阶，面聆一切
指教，以便前往接任。先肃鸣谢，敬请
勋安。

某某鞠躬　月　日

【注释】

感沁心脾：言感德之深也。以物探水曰沁。

汲：音急。汲引，犹言提拔。

【前函语译】

某某仁兄先生：

前在赴杭的路上，碰见某友，他说你待他情谊很厚，心中十分感激。并说起你对我的意思，想把一个要职给我。我听了之后，很感激又很惭愧！因为好的位置，责任极重大，非富有学识和经验的也担任不起。我自问才识平庸，哪敢有这种奢望！昨天在沪寓里，果真接到你委任我做某银行监督的电报。足见知己爱我，和别人不同。由寒士中提拔出来，管理财政，真喜出望外了。敢不洁身供职，报答你的知遇！下月初旬，一定前来拜候你，领了你的一切指教，以便前去接事。特地写这信来谢谢你。

弟某某　月　日

谢贺开机器厂

某某先生惠鉴：昨奉

手书，并隆仪多种，拜领之余，曷胜惭感！窃思某等自出洋回国，一知半解，实验殊少。兹办是厂，不过纠合诸出洋同志，各献所长，借资练习而已。将来出品之是否适用？销路之

能否发达？前路茫茫，殊难逆料。而
先生奖之励之，谬以我厂为制造之先导，实业之基础；未免爱之太殷，望之过大矣。略述愧辞，并伸谢悃。此请
撰安。

弟某某鞠躬　月　日

【前函语译】

某某先生：

恰才接到你的信，并礼物多种，愧领之下，又是感激。我们从出洋回来，所得的一知半解，试验的功夫极少。现在创办这个厂，不过纠合那些出洋的同志，各人拿出学到的本领，大家来练习练习罢了。将来制造的货物是否合用？销路能否发达？那是料不定的。而先生很奖励我们，竟看得我们的厂是制造的先导，实业的基础，也未免爱得太过，望得太大了。实在惭愧得很！但很感谢你的好意。

弟某某　月　日

谢荐教员

某某贤姊奁次：顷奉

芳缄，辱承多方嘘拂，得借一枝。铭感

高情，曷其有既！伏思妹才浅学疏，安敢妄作出山之想。祇以

嗷嗷多口，拙夫维持颇艰，目睹情形，妹不得不助谋生计。

今承

推荐讲席，俾瞻养有资，拙夫得轻负担，皆

贤姊之赐矣。肃此布意，并鸣谢忱。顺请

妆安。

妹某某谨上　月　日

【注释】

嘘拂：音虚弗，说项之意。言说事之成，如春风嘘万物以生长也。

得借一枝：言人之就事，如鸟之栖一枝也。

嗷嗷：待哺意。

瞻：音占，足也。

【前函语译】

某某贤姊：

恰才接到你的信，承你多方设法，已替我谋得一个职务这样的盛情，实在感激不尽！我才疏学浅，怎敢妄作出门做事的思想。衹为着人口众多，拙夫一人确难维持，看了这种情形，不得不设法帮助他。如今承你介绍了这教员位置，使得瞻养有资，拙夫减轻负担，这都是贤姊的恩惠了！我把实情告诉你，并且表示我的谢意。

妹某某　月　日

第四编　交际类

问候教师

夫子大人函丈：山河间阻，音问久疏。瞻仰
绛帏，辄深神往。敬维
文祺畅茂，著述宏多，为颂无量！受业抵京后，考入国立北京大学，研求国学，随班上课，不敢荒怠。同学三百余人，尚称莫逆。回忆立雪
程门，备承
教诲；今虽得升新校，而感念
师恩，非言能喻。倘蒙　不遗在远，时锡箴言，他日倘得寸进，亦皆受吾

师之赐矣。耑肃奉候，敬请
教安。

受业某某某谨禀　月　日

【注释】

绛帏：即绛帐，师之尊称。见《后汉书》。

莫逆：谓同心相契也。《庄子》：相视而笑，莫逆于心。

立雪程门：宋游酢、杨时，初见程伊川。伊川瞑目而坐，二子侍立不去。既觉，谓二子曰：贤辈尚在此乎。今既晚，且休。及出门，门外雪深三尺。

【前函语译】

某某先生：

我和你远隔山河，好久不通音问了。心里却时时在想念你。你近来一定身体康健，著作宏富。我到了北京，侥幸考入北京大学，专门研究国学，跟着大众上课，一天都不敢荒怠。同学三百多人，彼此也还要好，追想从前在你门下读书，蒙你殷殷勤勤的教导我；我现在虽升入新校，但是感念你的恩惠，总觉得不是言语可以形容的。倘若你不以我为离开得太远，还常常写信来教训我，那么我将来如若有寸进，也都是你的恩惠了！

学生某某　月　日

问候同学

某某同学兄伟鉴：久违
叔度，鄙吝复萌。近维
起居迪吉，为颂！弟自
兄别后，离索寡欢。每念昔日卧则联榻，坐则同席，谈今说古，相与论文，其爱好为何如耶！今则两地暌违，末由会晤，又谁可析疑而赏奇乎？倘
足下不以形迹之聚散分疏密，尚望　修业余闲，示我心得；则彼此虽隔，无殊觌面矣。专此即请
学安。

弟某某谨启　月　日

【注释】

叔度：黄宪字。陈蕃谓不见黄生，则鄙吝复萌。

离索：离群索居，谓散而独处也。见《礼记》。

赏奇析疑：古诗：奇文共欣赏，疑义相与析。

【前函语译】

某某学兄：

好久不见你，就和陈蕃不见黄宪一般了。料想你的起居很是安好，定然合着我的祝颂！我自从和你分别之后，真所谓“独处寡欢”。每每想到从前和你同在一校，联床同席，说古谈今，是何等的爱好啊！现在分居两地，还有哪个和我研究学问呢？你如果不把形迹上的聚散作亲疏，我还望你在课后把平日所有的心得告诉我。那末你我虽居两处，就同常见面一般了。

弟某某　月　日

问候同事

某某先生阁下：道远事繁，未遑笺候。昨晤　令亲某君，藉悉起居佳胜，慰甚！弟来分号月余，不获时聆
教益，陨越堪虞。所幸　故人情重，不弃寒微；尚祈不时赐教，开我茅塞。敝处入冬以来，银根奇紧，市面亦呈萧条之象。不识　尊处如何？便中敬希　示及为祷！耑肃，敬请
筹安。

弟某某谨启　月　日

【注释】

陨越：颠坠之义。《左传》：恐陨越于下。

寒微：谓贫贱无势力者也。

萧条：寂寥貌。

【前函语译】

某某先生：

近因路远事多，没有写信候你。昨天遇见令亲某先生，他说你的身体很好，我听了非常安心！我到这里分店虽有一个多月，情形还不熟悉，各事常恐怕做错。幸而有你可以请教，还望你常常写信指导我。这里入冬以来，银根奇紧，市面也不大热闹。不晓得你那边怎样？便中望你告诉我！

弟某某　月　日

问候经理

某某先生阁下：自违

雅教，倏已数旬！敬维

筹祉绥和为颂！弟承

先生盛情，调至分号任事；初到店中，百事茫然，现已渐有头绪。历年旧账，亦均入手清查，大约至本月底可以竣事矣。恐劳
锦注，特此布陈。专肃，敬请
台安。

弟某某谨启　月　日

【注释】

茫然：无知貌。

竣：音诠，完也。

【前函语译】

某某先生：

不见你的面，已经有几十天了。前次承你的好意，调我到分号里来办事；当初到的时候，各事都不清楚，现在已渐渐儿有头绪。历年进出的老账，也都在这里清理，大约到本月月底，都可以查清了。生怕劳你记挂，所以特地写这封信来告诉你。

弟某某　月　日

问候旧友

某某吾姊文几：自别

芳颜，弥殷葭溯。知己如　姊，想彼此同之也。妹归家后，原拟下学期继续读书；嗣以　母命难违，已于某月某日适京中某氏。遥望家山，时萦梦毂！回忆在校之日，与吾

姊灯前并读，花底联吟；今则家务羁身，欲求如昔日清闲之乐，已不可得。事过境迁，感慨系之矣！关山远隔，不识吾

姊近来身体如何？春风多便，尚祈　惠我数行，以慰下念。纸短情长，不胜盼祷。专肃，敬请

学安。

妹某某谨启　月　日

【注释】

适人：女子出阁曰适人。

家山：家乡也。见苏轼诗。

【前函语译】

某某姊：

自从分别以来，我没有一天不思念你。知己如你，想来是一样的。下学期我本想仍旧读书；后因家母的命令，已于某月某日于归京中某氏。家乡的风景，只能常常在梦中游了！再回想到我们在校的时候，灯前并着肩儿读书，花下携着手儿吟诗；现在凡有零碎的家务，都要我去料理。再要享从前那种清福，已不可能了。事过境迁，能不引起我的感慨吗！我们相隔很远，不知近来你的身体怎样？有便请你寄封信来，我在这里盼望着你！

妹某某　月　日

问候新交

某某贤姊惠鉴：前在某处，深慰识
荆；日昨邂逅相逢，幸何如之！惜尔时彼此各以事故，不克畅谈，殊深怅惘！际此三伏暑中，炎威逼人正甚，惟想吾
姊起居，定多佳胜。冰纨招凉，荷亭消夏，较妹困守蜗庐，欲谋逭暑而乏术者，相去奚啻霄壤。倘蒙　不弃，惠我　德

音，曷胜感盼！专肃，敬颂

暑祉。

妹某某谨上　月　日

【注释】

邂逅：不期而会也。《诗》：邂逅相遇。

怅惘：失意貌。

冰纨：谓夏扇也。见《琅环记》。

蜗庐：舍如蜗牛壳，故曰蜗庐。蜗庐未卜安。见骆宾王诗。

逭：音换，逃避也。避暑曰逭暑。

【前函语译】

某某姊：

自从在某处认识了你，已非常快乐，昨天我们又不期而遇，是怎样的幸运！可惜那时大家都有事情，不能谈个畅快，很觉得怅怅！现在天气正当炎热，料想你的起居，一定很好。冰扇招凉咧，荷亭消暑咧，这种清福，比较我住在蜗壳似的房屋，要想避暑没有法子的，真个有“天渊之别”了！倘若蒙你看得起，请你写封信来给我，我真感盼得很哩！

妹某某　月　日

祝父寿

河山间阻，定省久疏。昨奉

训言，敬悉我

父亲今年七十诞辰，概不举动，已将筵资若干元，移赈某处水荒；为国家拯灾黎，为子弟

培德泽，仁人之心，固如是也！但

大人虽不愿从事称觞；儿辈不得不略尽子职。当

悬弧吉日，已订定堂名两班，翅筵十桌，约二三知己，戚族数辈，借兕觥以称庆，祝鹤算之绵长。伏乞

俯如所请，而勿以繁费责之，则幸甚矣！耑肃叩禀，覆请

金安。

男某某百叩　月　日

【注释】

悬弧：指生日。《礼记》：男子生，设弧于门左。

堂名：乐班也，亦称清音班。苏杭等处有之。

兕觥：酒杯也。《诗经》：兕觥共觩。

鹤算：鹤寿甚长，故祝寿曰鹤算。

【前函语译】

父亲：

路途辽远，做人子的职分，已经疏忽久了。昨天接到你老人家的信，才知道今年七十岁生辰，概不举动，筵资若干元，已经充作善举；替国家拯灾民，替子弟培德泽，仁人的心，本来是这样啊！但是你老人家虽然不愿庆祝；做儿辈的不得不尽一点儿孝意。当生辰这一天，已经说定了两班堂名，十桌翅席，约几个知己朋友，及常聚的亲戚，借了杯酒，祝老人家寿数千秋。望你老人家准如所请，勿嫌儿辈繁费，就欢忭万分哩！

儿子某某　月　日

贺克复险要

某司令钧鉴：前以某省外寇侵入，据险负嵎，人民被其蹂躏，地方为之扰乱，急电传来，辇毂震惊。我

公奉命出征，力兼剿抚，不匝月而次第肃清。国家张挞伐之威，闾阎获乂安之庆，肤功克奏，生佛万家矣。某忝列戎行，未随鞭镫，侧闻捷音，雀跃奚如！专肃寸椷，虔颂

凯安，并申贺悃。诸希
垂察，不庄。

某某谨启　月　日

【注释】

负嵎：嵎，山曲也。负，凭依也，谓得地势。见《孟子》。

蹂躏：犹践踏伤害之也。

辇毂：京师也。

肤功：肤，大也。肤功，谓大功也。见《诗经》。

生佛：司马光，人称万家生佛。

【前函语译】

某某司令：

前次某省的外寇侵入，靠着那山曲的险要，杀害人民，扰乱地方，万急的电报传来，京城里也很受惊恐。我公奉了国家的命令出征，当剿的剿，当抚的抚，不上一个月，竟能够一律肃清。国家张挞伐的威严，人民享安全的幸福，有了这样的大功，人民都当你“万家生佛”看待了！我惭愧列在戎行，不能够跟你前往。但听到了你的捷音，很是欢喜，所以专诚写这信来贺你。

某某　月　日

贺新任显职

某某先生钧鉴：都门话别，已一易寒暑矣。昨晤某君，述及
先生荣任某县警察所所长，聆悉之余莫名欢忭！窃思办理警务，首在巡士得人；然巡士之优劣，全视乎所长之贤否而定。先生为警界先知，夙抱有治安宏愿；保障闾阎，缉宁乡里，今可展厥所长矣。弟自惭下乘，建树毫无，惟有遥望
故人，寸衷艳羡耳，肃函叩贺，并颂
新祺不一。

弟某某鞠躬　月　日

【注释】

缉宁：安宁也。

下乘：驽马也。喻低微之意。

【前函语译】

某某先生：

我们在京城里分别，光阴迅速，又是一年了。昨天会见某君，他说你新近做了某县警察所所长。我听了心里非常的欢

喜。我想办理警务，第一在乎巡士得人；巡士的好歹，完全要看所长的贤不贤。好在你是警界的前辈，平素本有治安的宏愿；从此保卫地方，正可以显出你的本事了。我像驽马一般，一事不能干的，只有望着老朋友，心中羡慕而已。特地写这信贺你，并祝你到任平安！

弟某某　月　日

贺校舍落成

某某学兄鉴：岭梅绽蕊，快挹

兰芬，弹指流光，又届清明百五。虽相违未久，而相忆殊殷矣。昨遇某君，道及　贵校学舍，定于某日行落成礼。从此辛勤学子，负笈来归；美富宫墙，收容有自。今日之广厦万千，可预卜异日之人才辈出也！某心殷藻祝，事阻凫趋，聊肃芜词，借伸贺悃，并候

新祺不一。

弟某某鞠躬　月　日

【注释】

弹指：喻光阴之速，如指之一弹而过也。

负笈：笈是书箱。学生负之来读书也。

宫墙：见《论语》。借喻学校之房屋。

广厦：喻所荫庇者众也。杜诗：安得广厦千万间，尽庇天下寒士皆欢颜。

凫趋：言如凫鸟之趋来叩贺也。

【前函语译】

某某学兄：

自从岭梅初放的时候会见你后，光阴很快，现在又到了清明了。相离虽没有多久，然而很是相忆，昨天遇见某君，说及贵校所造的学舍，准于某日举行落成礼。从此许多学生，都可以由远道背了书箱来就学；富丽的学舍，足够收容他们了。将来人才辈出，一定可以预卜的！我很想到贵校来祝贺，无奈被他事所阻，只有写几句吉语，聊表我的微意而已。

弟某某　月　日

贺考取出洋

某某学兄台鉴：忆在津门共砚，相与析疑辨难，

卓见恒超侪辈，弟早以大器相期。今果考取出洋，留学欧

西，羡甚喜甚！盖欧西科学，如工科，商科，法律科，政治科，在在有裨于我国。吾
兄或进专门，或入普通；总祈学成归来，造福乡邦。庶内不负父兄之希望；外不负国家之栽培，是则伏枥故人，所望风馨祝者也！异乡风土，珍摄为宜！琐渺寸衷，借伸贺悃；并候
旅安不一。

弟某某鞠躬　月　日

【注释】

津门：即天津。

侪：音柴，等辈也。

伏枥：枥，音力。老骥伏枥，言人之不出外做事也。

【前函语译】

某某学兄：

我们同学天津，相互研究学问，你的见识最高，我早已知道你必成大器。如今果然考取出洋了！大概外国的科学，像工科咧，商科咧，法律科咧，政治科咧，学来样样可以有补于我们国家。不论你进专门学校，或进普通学校；总望你学成了回来，对国家有所贡献！这样，才能内不负父兄的希望；外不负

国家的栽培。这是你伏处家乡的旧友所日夜祝颂的哩！异方的风土，与中国不同，还望你自己珍重为要！

弟某某　月　日

贺国货批准专利

某某先生执事：伻来，颁到

大札，欣谛

尊制机器，已蒙部批准，特许专利若干年。足征制作精良，学识驾公输而上；运行水陆，瓦特亦不得专美于前矣。景仰之余，曷胜忻羡！且吾国制造，落人后也久矣，今得我　公出而振作之，大足为吾华吐气！是以不仅为故人贺，并为我中国前途贺也！肃函布候；并颂

财祺。

弟某某鞠躬　月　日

【注释】

公输：名班，匠人之祖。

瓦特：英人，发明蒸汽机。

吐气：扬眉吐气，激昂青云。见李白文。

【前函语译】

某某先生：

昨天尊纪递到大札，才知道你所造的机器，已经得到部中批准，特许专利若干年。足见你的制造很好，学识一定在公输之上；运行水陆，瓦特也不得专美于前了。我仰慕之下，有说不尽的欢喜！并且我国制造一门，落在人后年代也很久了，现在有你出来振作，大可以替我们中华民国吐一吐气！所以我不但贺老朋友一人，而且要替我国的前途祝贺哩！

弟某某　月　日

贺友人生子

某某贤姊惠览：桂花香里，得接
兰缄，开函快诵，知已分娩。积善之家，石麟天降，果如所期将来非荀氏之龙，即薛家之凤，不必试听啼声，而可为预决也。某本拟前来叩贺，只以作嫁依人，不克如愿。谨具首饰数事，聊伴芜函，不腆之仪，借申微意而已。此请
俪安不既。

妹某某鞠躬　月　日

【注释】

娩：音免。分娩，言妇人生子也。

石麟：天降石麟，称人之子也。

荀龙：后汉荀爽兄弟八人，具有才名，曰荀氏八龙。

薛凤：唐薛元敬兄弟三人，称河东三凤。

【前函语译】

某某贤姊：

在桂花香里接得你的来信，知你已经分娩了。积善的人家，“天降石麟”，果然不出我所料。将来不是像荀氏的龙，就是薛家的凤，不必试听他的啼声，也可以预先决定的。我本想前来贺你，无奈“依人作嫁”，不克如我的私愿。只能备首饰几种，伴了这封空信，表表我的心意而已。

妹某某　月　日

慰丧兄

某某先生台鉴：顷展

惠书，惊悉

令兄先生于某日逝世，惋惜殊深！吾　兄友爱性成，猝遭荆树摧残，自必异常悲痛。第

令兄道德学问，久为社会所钦仰，身后一切，更有先生为之护持，九原有知，当可无憾。尚祈吾　兄达观自摄，稍节哀思；是则远道怀人，所不胜盼祷者也。弟糊口遐方，不克躬亲吊奠，至以为歉！附上祭幛挽联，乞即悬之灵右，借表哀忱耳！并请

礼安不备。

弟某某鞠躬　月　日

【注释】

荆树：田氏兄弟有分紫荆树故事，故荆树指兄弟言。

九原：即地下。《礼记》：吾从先大夫于九原。

【前函语译】

某某先生：

方才接到你的信。惊悉令兄于某日去世，听了很是惋惜！先生兄弟间，是极友爱的，霎时遇这意外事，自然是格外伤心。但是令兄的学问道德，社会上久已钦仰极了，他身后的一切事情，又有你替他照料，他在地下，也可以没有遗憾。你

务必放宽怀抱，自己保重身体；这是远道旧友所祝望的。我因为糊口他方，不能够亲来吊奠，抱歉得很！附上祭幛一轴，挽联一副，请你代挂灵前，表表我的哀思罢！

弟某某　月　日

慰丧妻

某某兄鉴：春初颁到

大札，以为贺年佳话耳。乃开缄一诵，始知

嫂夫人于某日逝世，悲悼之余，曷胜惶骇！在　足下伉俪情笃，骤抱鼓盆，自必异常痛憾。第念　嫂夫人目睹芝兰玉树，业已挺秀成行，阃范母仪，遐迩早资矜式，既无憾于生前，即九京亦堪自慰。

足下可达观自摄，稍节哀思矣。弟一肩行李，仆仆征途，虽刍吊之有心，实凫趋之多阻，临风翘企，抱歉奚如！谨具楮仪，借伸奠悃；并请

近安不既。

弟某某鞠躬　月　日

【注释】

伉俪：音抗利，夫妇也。

鼓盆：庄子妻死惠子吊之，庄子方箕踞鼓盆而歌。

芝兰玉树：喻佳子弟也。见《晋书·谢安传》。

矜式：谓敬守其法则也。《孟子》：使诸大夫国人皆有所矜式。

九京：与九原同。死者所葬地也。

仆仆：奔走也。

【前函语译】

某某兄：

因为在年初接到你的信，还当是新年的贺柬，拆开拜读，才知嫂夫人已在某日去世，很是惊惶悲痛！你们伉俪情深，那悲痛的情形，自不必说了。但是想到嫂夫人，子女长成，言行足式，生前既没有遗憾。死后也堪自慰。你的哀思，也可以把他摆开了。我终年在外奔走，虽想前来吊唁，却为路途多阻，实在抱歉得很；祇好备一份素礼，聊表祭奠的微意而已！

弟某某　月　日

慰失官

某某先生大鉴：前具复函，知尘
青睐。昨由　尊纪颁到手书，始悉
先生于升迁之余，偶因意见差池，遽遭意外。弟扼腕久之！因思皓魄当空，始亏终复；浮云蔽日，骤暗渐明。以
足下之才之品，断非一蹶而不振者；虽鸿翅之偶垂，终鹏飞而有自也。祈耐心处之！耑此奉慰，并请
台安。诸希
珍卫不一。

某某鞠躬　月　日

【注释】

尘：呈奉的谦称。

青睐：青，眼也。睐，来去声。

尊纪：称人之仆也。

扼腕：筹思无策之貌。

皓魄：月也。

鹏：音朋，大鸟名。鹏飞，喻前程远大之意。

【前函语译】

某某先生：

前次复你的信，知道你已经收到。昨天贵仆送到你的信，知你自升官之后，偶然因为意见不合。竟被撤任。我很替你可惜！然而明月在天，初虽有缺，终必复圆；浮云蔽日，暂时虽暗，终当放光。像你这种才具和品格，断不是一蹶不振的人；鸿翅虽偶然下垂，鹏飞总归是不远的，你还是耐心稍待罢！

某某 月 日

慰落第

某某同学兄鉴：昨展

手书，知投考某校，名落孙山。谚云：文章自古无凭据，何足介怀？且从来大器之成，无一不经多方之磨折也。磨折愈多，精神愈出，即异日之成就亦愈大矣。此校额虽已满，他校尚在招生，程度出身，均属相仿，吾 兄曷往试之？东隅虽失，收之桑榆，犹未为晚。速努力，无自馁！手此布臆，即候

文祺。

弟某某鞠躬 月 日

【注释】

孙山：考试无名曰落孙山。

东隅：失之东隅，收之桑榆。谓事此败而彼成也。

馁：胆怯貌。

【前函语译】

某某学兄：

昨天接到来信，知你投考某校未取。俗语说："文章自古无凭据。"你何必放在心里？况且成大器的，没一个不经历多方的磨折，磨折越多，精神越出，而将来的成就也越大。这校虽已额满，别校还在招生，程度出身都差不多，何不再去考一考？失之东隅，可以收之桑榆，还来得及咧。赶速进行，不要自馁！

弟某某　月　日

慰商店折本

某某先生台鉴：顷晤　贵厂账友，谈及某项货价大跌，折本颇巨；　执事因受股东责言，遽萌退志。弟窃期期以为未可！夫胜败乃兵家常事；竞争为商人天职。卷土重来，再接再

厉；一蹶于前，岂不能复振于后耶？帆随风转，会当有时。执事宽怀耐守，是所至盼！手此奉慰，不尽欲言；并请

筹安不既。

弟某某鞠躬　月　日

【注释】

期期：口吃也。

卷土重来：是败而收拾余烬再战意。

蹶：音厥，仆也。

帆随风转：喻做事顺手意。

【前函语译】

某某先生：

恰才会见贵厂账友，说及某种货价大跌，亏本很大；你因为受了股东的责备，有不愿再干下去的意思。我却以为不然！譬如用兵，胜败是兵家的常事；我们商业场中，竞争也是一种应尽的天职。收拾所有，计算再举；失利在前，难道不能得利在后吗？又如舟在水中，走了逆风，一定也有走顺风时候。你放心耐守好了！

弟某某　月　日

慰轮船失事

某某先生阁下：前接
函示，屈指行程，计某日可以抵埠。乃盼望至今，未见一缕飞烟自远而来，心知有异。昨得急电，果风姨肆虐，益以海中波涛汹涌，致轮进退不得自由，遂搁浅于某滩，货物均遭渍湿，幸未伤及人命。是犹不幸中之大幸也！好在
贵轮向保水险，损失赔偿后，不难重振旗鼓；万勿以区区挫折，即介介于怀也！肃函布慰，借请
旅安不一。

弟某某鞠躬　月　日

【注释】

风姨：风神也。

搁：音阁。物被牵掣不动曰搁。

重振旗鼓：喻事之败坏后振作再做也。

挫折：挠败之意。

介介：常在心中不快意。

【前函语译】

某某先生：

前次接到你的信，计算路程，某日定可以抵埠。哪晓得望到如今，连一缕黑烟也不见从水上飞来，心知必有变故。昨天得着急电，果然是遇着飓风，海里波浪又大，弄得船身不能自由，因此就搁浅在某滩，货物统统被水浸湿，幸而没有伤及人命。这总算不幸中的大幸了！好在贵轮向来保有水险，损失赔偿之后，尽可以重做生理。望你切勿因小有挫折，便心中长抱不乐才好！

弟某某　月　日

慰丧子

某某表姊赐览：昨日返舍，案头置有吾

姊手书，以为寻常问候耳。乃展诵未毕，惊悉表侄偶撄微疾，遽悼兰摧！值此峥嵘头角之时，而忽遭此玉碎珠沉之惨，情之所至，其何以堪！然处此无可如何之境，亦只得抱庄生旷达之观。况积善之家，必有余庆；异日之再降石麟，亦意中事耳。望吾　姊宽怀自玉，勿过悲哀，是所企盼！耑

肃，即请

妆安。

妹某某谨上　月　日

【注释】

兰摧：喻人子女之夭折也。

峥嵘头角：喻出人头地也。峥嵘，高峻貌。

玉碎珠沉：如玉之碎，如珠之沉。喻死也。

庄生：即庄周。

达观：不为境遇所困也。

石麟：称人之子也。

【前函语译】

某某表姊：

我昨天归家，看见台上放着姊姊的信，起初当是平常的问候。不料拆开看时，才知表侄偶患小毛病，竟然夭折了！当这“头角峥嵘”的时候，忽尔“玉碎珠沉”，骨肉情深，悲痛自然是难堪的。但是遇了这种没法想的事情，也只好像庄生那样的旷达。况且像你们是积善的人家，老天一定有报施的；他日再生贵子，也是意中的事。望你宽怀保重些，切勿过于悲痛为要！

妹某某　月　日

赠土仪

某某姻兄先生文席：君游燕地，我滞乡关，两地暌违，无日不神驰左右也。比惟
旅祺安吉，为无量颂！弟伏枥有年，本不作出山之想；只以室家多累，生计艰难，不得不奔走遐方，借谋衣食。兹承某君之招，道出津沽。届时正可晋谒
台阶，借罄积愫。寄上土仪数色，不足言敬。相晤匪遥，恕不缕缕。手肃，即请
撰安不一。

弟某某谨启　月　日

【注释】

燕：地名，即今河北省。

伏枥：老马伏枥，言无用被废也。

晋谒：进见之谓。

【前函语译】

某某先生：

你到河北的时候，我正留滞在家乡，地方虽然隔得远，我的想念却没一天停止过。料想你在客中，定然安好得很。我像老马一般，闲在家里多年，本不想出门干事；只为着家累很重，生计艰难，不得不奔走到远方去谋些衣食。现在忽承某君的函招，路上必须经过津沽。到这时候，正可以来拜望你，谈一谈平日间的心事。相见的日子不远，先奉上土仪数种，不足说是赠，祇好表表我的寸心罢了！

弟某某　月　日

赠地图

乡关旧雨，瀛海同盟，欢叙经年，别离千里，相思谅有同情也。比想

某某先生柳营春暖，

虎帐风清，翘企

铃辕，曷胜忭颂！某留学东瀛，毫无善状，惟于彼邦新出图书，颇喜购置研究。近由旧书肆中购得新出地图一幅，于各国

之水陆险要，均条分缕析，载之綦详，大足为我军事学家之宝筏。不敢自秘，援宝刀赠将军之例，呈之
台端，借供浏览。设异日国家有事，不无纤毫之助也。耑肃，顺候
崇安不既。

某某鞠躬　月　日

【注释】

瀛海：即东海。

柳营：汉高祖劳军细柳营。

虎帐：军人所住的营幕。

铃辕：指督署言。

宝筏：是渡人的船。此喻重要工具。

纤毫：喻细也。

【前函语译】

你我是家乡的旧友，在东洋欢叙了一年，别后就相隔千里，哪能不彼此相念呢？近来想起你在营里，定如春风一样和暖，一切都很顺利。我仍旧在日本留学，没有一点儿好现状，只有日本图书，很欢喜买来研究。新近从旧书店中买得

新近出版的一幅地图，对于各国的水陆险要等等，载得很是详细，大可以供我国军事学家的研究。我不敢私自秘藏，援“宝刀赠将军”的例送给你，望你在闲暇的时候研究研究。将来国家有事，一定有些用处的。

某某 月 日

赠教科书

某某先生台鉴：不奉

教言，瞬经匝月，暮云春树，企望为劳！日前某君来申，道及

先生近办一半日学校；凡贫寒子弟，无论工商各界，均可入校肄业，半日读书，半日谋生。法良意美，莫愈于斯！而

先生嘉惠桑梓，与体惜贫苦之热忱，楮墨难宣矣！佩甚感甚！某近购得中华书局新出版教科书若干种，于高初程度，均属相当。

贵校如合于采用，某拟捐赠若干，为涓埃之助，当亦热心教育者所乐许也！手此，肃请

教安。

弟某某鞠躬 月 日

【注释】

匝月：一月也。

暮云春树：古诗：渭北春天树，江东日暮云。言见了云树，即思念亲友之意。

肄业：即习业。言读书也。

桑梓：言家乡也。《诗经》：维桑与梓，必恭敬止。

楮墨：即纸墨。

涓埃：极言微末之意。

【前函语译】

某某先生：

不奉到你的训话，已经有了一月。见到晚来的云，和春天的树，能够不想起你么？前天某友到上海来，说你近来办一所半日学校，学生可以半日读书，半日谋生。这种办法和用意再好也没有了！你替家乡的儿童造福，和体惜贫苦的热心，真叫人说不尽的感激和佩服！我近来买得中华书局出版的教科书许多种，对于初高小学的程度，都很适用。贵校如若合用，我想捐助若干部。像你这样热心教育的人，应该是赞成我的！

弟某某　月　日

赠入场券

某某先生足下：昨承
枉顾，失迎为歉。迩维
起居佳胜，动定咸宜，以欣为颂！弟羁身校务，碌碌如恒。月之某日，敝校拟开成绩展览会，以表示年来学绩；所有陈列各品，业已部署就绪，欢迎各界参观。兹附上入场券数十纸，乞分赠各同志。届时望惠然
贲临，指示一切，不胜铭感！耑肃，即请
教安。

弟某某鞠躬　月　日

【注释】

枉顾：枉，屈也。顾，视也。

羁身：是绊住身体。

部署：犹言布置。

【前函语译】

某某先生：

昨天劳你屈驾来看我，我恰巧不在家，抱歉得很。想你的起居动定，一定安好。我身子给校务绊住，忙忙碌碌，仍同从前一样。这月的某日，敝校准开成绩展览会，表示一年来的成绩；内部分的陈列，现已布置妥当，欢迎各界来参观。现在先送上入场券数十张，请你分送各同志。到那时候还望你们光临，指教一切，敝校是很感激的。

弟某某　月　日

赠抽水机

某某先生阁下：忆自邗江判袂，裘葛屡更。惓念故人，能无怅怅！某蛰居乡里，以耕读自娱，研究农学，粗有心得；故于改良种植及防御水旱等法，已略有所提倡。近日又发明抽水机一种，试之颇著成效，不敢自秘，因制就全部，并说明书一通奉赠，俾作水涝天旱之一助。当亦

大君子所乐为采用也。耑肃，祗请

台绥；并希

赐复为盼。

弟某某鞠躬　月　日

【注释】

邗江：即扬州。邗音寒。

抽水机：即田家之取水器。

涝：音劳，积水也。又与潦同。

【前函语译】

某某先生：

回想我和你在扬州分别，已经有几年了。想起旧友，能不怅然若失？我终年伏居乡里，把耕读两种事做消遣，研究农学，略微有些心得；所以对于改良种植，和防御水旱的方法，已经略有所提倡。近来又发明一种抽水机，试验了倒也很有效用，因此制好壹部，并说明书一份，奉送与你，做个预防水旱的助力。想你老人家，一定喜欢采用的！望你收到后给我一个回信。

弟某某　月　日

赠自由布

某某先生足下：握别登程，瞬经半载。暮云春树，企望良殷！比维
骏业日新，鸿图聿展，慰如私颂。某寄迹阛阓，毫无善状。迩因受某实业社之聘，承乏营业各部。该社所出之自由布，经久耐用，颇为社会所欢迎；奉赠一匹。望试用之，俾知我国国货亦有驾舶来品而上之者。亦提倡国货之一端也。戋戋微物，聊伴芜函，务乞
哂存；并颂
台绥。

弟某某鞠躬　月　日

【注释】

握别：是握了手分别。

骏业：即大业。

鸿图：即谋干大事之意。

阛阓：即市场。

戋戋：与区区同，言其少也。

哂：微笑也。

【前函语译】

某某先生：

你我握手分别，一瞥又是半年了。“暮云春树”，无日不在想念中！想到你的事业发展，计划阔大，一定如我所祝颂！我在生意场中，实在没有什么好处可以告诉你。近来受了某实业社的聘请，就在营业部办事，社内新出一种自由布，很是经久耐用，颇受社会上的欢迎；因此送你一匹。试用之后，方知我中国的物品，也有超出洋货以上的。也是提倡国货的一法啊！这一点儿薄物，是伴伴空信的。请你赏收了罢！

弟某某　月　日

赠蚕种

某某贤姊惠览：客冬话别，弹指新春，柳绿桃红，又届清明令节矣。比想

侍祺安燕，俪祉嘉羊，慰如心颂！妹蛰处家园，无所事事。昨膺　家慈之命，入蚕桑学校肄业，因得良好蚕种若干纸。据云：食叶不多，而造茧甚佳；饲育亦较我国旧种为易。分赠数

纸，借作改良蚕业之先导。亦未始非我国实业前途福也。专函奉赠，并请
妆安。

妹某某上言　月　日

【注释】

弹指：谓时光之速也。

侍祺：祺，吉也。侍祺，是指事父母翁姑言。

燕：与宴通，安也。

俪祉：俪，偶也。祉，福也。俪祉，指夫妇而言。

羊：作祥字解。

蛰：言伏也。

膺：受也。

【前函语译】

某某贤姊：

我们自去冬一别，没有多时，又到了柳绿桃红的清明时节了。想你庭帏伉俪间，安好和平，定然合我的祝颂！我住在家里，没有什么事情。昨天承母亲的命令，叫我到蚕桑学校里去读书，因此得着好蚕种若干纸；据说：吃叶不多，做茧很

好，而且比我国的旧蚕种好养。现在分几张送给你，做个我国改良蚕事的先导。这未始不是我中国实业前途的幸福啊！

妹某某　月　日

谢赠竹刻

某某先生足下：伻来，赍到
手札，剖而阅之，藉悉
文旆新由之江言旋；并承　惠该省竹刻两方，雕琢工致，刮磨光泽，的是文房雅玩。从兹四宝中，又添得一高古雅洁之点缀，此非
先生所赐欤？拜领之余，曷胜雀跃！特此鸣谢，顺颂潭祺。

弟某某拜手　月　日

【注释】

伻：音烹，仆也。

赍：音跻，捧至也。

之江：即浙江。

雀跃：欣喜貌。

【前函语译】

某某先生：

贵使带了你的信来，才晓得你新从浙江回府。承情送我两方竹刻，雕琢很精致，刮磨很光洁，的确是文房中的佳品。从此纸墨笔砚之中，又添得一种高古雅洁的点缀品了，这不是先生的恩惠吗？拜领了你的赏赐，心中很是欢喜，所以特地写信道谢。

弟某某　月　日

谢赠国语留声机片

某某先生执事：久未通函，正思
风采，朵云适至，快我心期。并承
赐国语留声机片一套，开键放音，语语清晰，不啻坐我于春风中。课余之暇，按时练习，数月来颇有心得。诚机械式之良教师，求学者之终南径也。感激之余，愧无以报！肃函布臆，并达谢忱。此请
文安不宣。

弟某某叩上　月　日

【注释】

风采：颜面也。

朵云：指信言。

终南径：《唐书·卢藏用传》：司马承祯尝召至阙下，将还山，藏用指终南山曰：此中大有佳处。承祯徐曰：以仆视之，仕宦之捷径耳。言借隐居为名，以致仕宦也。

【前函语译】

某某先生：

长久没有通信了。正在想念之中，恰巧你的信来，真合着我的希望。并承你送我国语留声机片一套，开了关键，放出音来，语语清楚，好像坐在教室中听讲一样。课外没事，规定钟点练习，几个月来，很得到些益处。这真是机械式的良教师，求学的捷径哪！心中感激不尽，但没有什么报答你，惭愧得很，所以写这封信来谢谢你。

弟某某　月　日

谢赠布

某某先生台鉴：顷奉

惠书，知　足下委身实业界，为国家挽利权，为人民谋生计，热心毅力，钦佩莫名！承　赐某某布数匹，花样翻新，质地坚厚，夙为社会所欢迎。弟已雇得缝工到家裁制。借兹仁人所赐，得免贱体之寒，服以拜嘉，须俟异日。先肃芜词，以伸谢悃；并请

筹安。

弟某某拜启　月　日

【注释】

服以拜嘉：《曲礼》：赐衣服者，服以拜嘉。

【前函语译】

某某先生：

刚才接到你的信，知你投身实业界，为国家挽回利权，为人民筹划生计，热心毅力，钦佩得很！并承你送我某种布数匹，花样很新，质地极厚，早为社会上所欢迎。我已雇得成衣

工到家里裁制。靠了你的厚赐，贱体得以免除寒冷，将来一定要穿了来拜谢你。现在写给你这信，先表表我的谢忱。

弟某某　月　日

谢赠衣料

某某贤姊惠览：前某妈来，颁到
华函，情意缠绵，词极恳至；虽风雨联床，无兹亲密也。欣慰何似！并承　惠自由布数端，质纯而厚，经久耐用，已为小儿女各制衫裤一袭。尚余一端，妹拟转赠某姊，借作投桃之报。至下月某日　尊府开汤饼喜筵，定率小儿女前来叩贺，并令服以拜　嘉矣。先此鸣谢，敬颂
奁绥。

妹归某某郡某氏手启　月　日

【注释】

缠：音廛。缠绵，周密意。

恳至：诚悃也。

风雨：古诗：最难风雨故人来。

联床：联床共话，言朋友相爱意。

投桃：谓朋友间之赠答也。《诗经》：投我以木桃。报之以琼瑶。

【前函语译】

某某贤姊：

前由某妈送到你的信，情意周密，语语诚恳；就是风雨联床，还没有这样亲热。真欣慰得很！还承你送给我几匹自由布，我已替小儿女们做了衫裤各一身。还剩一匹，我想转送某某姊，报答她前次的人情。到下月某日，尊府开汤饼喜筵，我一定带了小儿女前来道喜，并且叫他们着了新衣服来拜谢你的厚赐。

妹某某　月　日

附录一　称谓录

（一）家族

一、祖父母　称父之父曰祖父。父之母曰祖母。自称曰孙男。称人曰令祖父、令祖母。自称于人曰家祖父、家祖母。已殁则称先祖父、先祖母。或称先王父、先王母。

二、父母　称父曰父亲。母曰母亲。自称曰男。称人曰令尊、令堂。自称于人曰家父、家母、家严、家慈。已殁则曰先父、先母。或称先严、先慈。

三、伯叔　称父之兄曰伯父。父之弟曰叔父。伯叔之妻曰伯母、叔母。自称曰侄。称人曰令伯、令叔。自称于人曰家伯、家叔。已殁则称先伯、先叔。

四、兄弟　对弟自称曰兄。对兄自称曰弟。称人曰令兄、令弟；兄弟并称曰贤昆仲。自称于人曰家兄、舍弟。已殁称先兄、亡弟。

五、姊妹　对妹自称曰兄。对姊自称曰弟。称人曰令姊、令妹。自称于人曰家姊、舍妹。已殁则称先姊、亡妹。

六、夫妻　夫称妻曰贤妻。自称曰夫。妻称夫曰夫君、曰夫子。自称曰室人。称人妻曰嫂夫人、尊夫人。称人夫曰令夫君。对人自称其妻曰内子、内人、拙荆。对人自称其夫曰外子、拙夫。

七、子女　称子曰吾儿。女曰吾女。自称曰父。称人子曰令郎，女曰令爱。自称于人曰小儿、小女。

八、媳　称媳曰贤媳。自称曰愚。称人曰令媳。自称于人曰小媳。

九、侄　称侄曰吾侄。自称曰伯或叔。称人曰令侄、令阮。自称于人曰舍侄。

一〇、孙　称孙曰吾孙。自称曰祖。称人曰令孙。自称于人曰小孙。

（二）亲戚

一、姑母　称父之姊妹曰姑母。姑母之夫曰姑丈。自称曰内侄。称人曰令姑丈、令姑母。自称于人曰家姑丈、家姑母。

二、外祖父母　称母之父母曰外祖父、外祖母。自称曰外孙。称人曰令外祖、令外祖母。自称于人曰家外祖、家外祖母。

三、舅父母　称母之兄弟曰舅父，其妻曰舅母。自称曰甥。称人曰令母舅、令舅母。自称于人曰家母舅、家舅母。

四、姨丈母　称母之姊妹曰姨母。其夫曰姨丈。自称曰姨甥。称人曰令姨丈、令姨母。自称于人曰家姨丈、家姨母。

五、表伯叔　称父母之表兄弟曰表伯、表叔。自称曰表侄。称人曰令表伯、令表叔。自称于人曰家表伯、家表叔。

六、岳父母　称妻之父母曰岳父、岳母。或称外舅、外姑。自称曰子婿。称人曰令岳、令岳母。自称于人曰家岳、家岳母。

七、婿　称婿曰贤婿、贤倩。自称曰愚。称人曰令坦、令倩。自称于人曰小婿。

八、亲家　称子媳与女婿之父曰亲翁。其母曰亲母，或称亲家太太。对亲翁自称曰姻愚弟。对亲母自称姻侍生。称人曰令亲翁、令亲母。自称于人曰敝亲翁、敝亲母。

九、姻伯叔　凡关于戚党之长辈，而无确定之称谓，概称曰姻伯、姻叔。称其妻曰姻伯母、姻婶。自称曰姻愚侄。称人曰令亲。自称于人曰舍亲。

一〇、姊妹丈　称姊妹之夫曰姊丈、妹丈。自称曰内弟、内兄。称人曰令姊丈、令妹丈。自称于人曰家姊丈、家妹丈。

一一、表兄弟　凡称姑母、舅父、姨母之子皆曰表兄弟。自称曰表弟、表兄，称人曰令表兄、令表弟。自称于人曰敝表兄、敝表弟。

一二、襟兄　妻之姊妹曰姨。称其夫曰襟兄。自称曰姻愚弟。称人曰令僚婿。自称于人曰敝连襟。

一三、内兄弟　称妻之兄弟曰内兄、内弟。自称曰愚姊婿、愚妹婿。称人曰令内兄、令内弟。自称于人曰敝内兄、敝内弟。

一四、表侄　称表亲之晚辈曰贤表侄。自称曰愚。称人曰令表侄。自称于人曰敝表侄。

一五、内侄　称妻兄弟之子曰贤内侄、贤内阮。自称曰愚。称人曰令亲。自称于人曰舍亲。

（三）师友

一、师长　称教师曰夫子、吾师。自称曰受业、门人、学生。称人曰令师。自称于人曰敝业师。对于师之妻称曰师母。自称曰学生。师之父母称曰太夫子、太师母。自称曰门下晚学生。

二、学生　称学生曰贤弟、贤契。自称曰愚。称人曰高徒、令高足。自称于人曰敝徒、小徒。

三、老伯叔　称父之友曰老伯、老叔。自称曰愚侄。与祖同辈行则称太老伯。其妻曰太老伯母。自称曰愚再侄。

四、世伯叔　称有世谊之长辈曰世伯、世叔。自称曰世愚侄。其长两辈者则称太世伯、太世叔。自称曰世再侄。

五、世侄　称世交之子侄曰贤世讲、贤世台。自称曰愚。

六、先生 称普通之年龄较尊者曰先生。自称曰晚生、后学。

七、仁兄　称平辈之交曰仁兄。自称曰愚弟。如系同学，则称学兄。自称曰同学弟。

八、谱兄弟　称换帖之友曰谱兄、谱弟。自称曰如兄、如弟。

（四）仆人

一、仆　称人之男仆曰尊纪、贵仆、纪纲。自称于人曰小价、小伻。

二、女仆 称人之女仆曰贵女仆、尊妪。自称于人曰敝女仆。

三、婢 称人之婢曰尊婢。自称于人曰小婢。

附录二　套语录

（一）书奉语

膝下　膝前（以上用于父母）尊前　左右　侍右　钧鉴　钧览　赐鉴　钧詧（以上用于尊长）　阁下　足下　大鉴　伟鉴　台鉴　台览　惠鉴　青鉴　青及　青睐　执事（以上用于同辈）　如见　如晤　如握　如面（以上用于相知）　函丈（用于业师）　节下　座下（以上用于政界）　麾下（用于军界）　妆次　奁次　芳鉴　懿鉴（以上用于女界）　收览　收阅　知悉　览悉　入览（以上用于卑幼）　礼次　苫次（以上用于守制）

（二）启事语

敬禀者（用于尊长）　敬肃者（用于官长）　敬启者（用于平等）　径启者（直达之词）　兹启者（用于便函）　兹恳者（有事相恳）　兹托者（有事相托）　敬复者（用于答复）　哀启者（用于讣告）

（三）恭维语

恭维　敬维　即维　辰维　近维　迩维　比维　欣维　缅维　就维　伏维　仰维　遥想　敬审　藉谂　欣悉　藉悉　敬悉　得悉　就审

（四）接缄语

钧谕　钧函　赐函　朵云　手教　手谕　手示（以上用于尊长）　严谕　慈谕（以上用于父母）　琅函　华翰　云笺　手札　芝函　华翰（以上用于平辈）　来禀　来函　禀函（以上用于卑幼）

（五）颂慰语

为颂为慰　为无量颂　至以为颂　至以为慰　慰如所祝　曷胜忭颂　莫名颂祷　曷罄祷私　定符私颂　深惬颂忱　式符下颂　定符忭祝　忭祷奚如　既颂且慰

（六）思慕语

时切下怀　不胜孺慕　曷胜依恋　怀思曷既（以上用于尊长）　时深驰系　渴念殊深　时切遐思　良殷葭溯　寸心萦结　倍切葵倾（以上用于平辈）　我甚切念　终日悬念（以上用于卑幼）

（七）离别语

叩别慈颜　拜别尊前　久违钧诲（以上用于尊长）　久违雅教　远隔光仪　自违清诲　暌隔音尘（以上用于平辈）　别后信宿　别后旬日　奉别兼旬　违教半月　别仅匝月（以上用于暂别）　许久未晤　阔别半载　暌违数载（以上用于久别）

（八）接见语

慈颜　钧颜（以上用于尊长）　丰标　芝标　丰采　芝宇　芝范（以上用于平辈）　芳仪　兰仪　壶范　懿范（以上用于妇女）

（九）承顾语

贲临　赐顾　惠顾　枉顾　光临　驾临　光降　移玉（以上朋友通用）　台从文旌　文旆（以上用于文人）　鸾舆　鱼轩（以上用于妇女）

（一〇）拜谒语

台端　台阶　崇阶　华堂　贵府　尊潭　台墀

（一一）托庇语

大厦　仁宇　帡幪　荫庇　慈宇　樾荫　仁帡

（一二）求恕语

鉴原　鉴谅　原谅　原宥　曲恕　曲原　恕罪

（一三）拜托语

吹嘘　鼎言　汲引　鼎力　说项　玉成　照拂

（一四）允诺语

金诺　俯允　慨允　季诺　俞允　台允　允诺

（一五）临书语

临禀悚惶　临风依恋　临池翘企（以上用于尊长）　临颖依依　临池瞻溯　临楮神驰（以上用于平辈）　临池欣羡　临笺雀跃　临颖欢忭（以上用于喜事）　临池怆切　临书哀切（以上用于丧事）

（一六）奉布语

专此上达　肃此敬禀　肃此叩禀　专此上禀　肃此上陈　肃此谨禀　专肃谨禀（以上用于尊长）　专此奉布　专此布达　手此布臆（以上用于平辈）　专此奉恳　专此奉托（以上用于恳托）　专此布复（用于复函）

（一七）请安语

近福　崇安　福安（以上用于尊长）　近祺　日祉　近安　起居　安祉　台安（以上用于平辈）　懿安　壸安　奁安　坤祺　慈安（以上用于妇女）　春安　春祺　夏安　暑祺　秋安　秋祺　冬安　冬祺（以上按切时令）　勋安　勋祺　钧绥　钧安　崇安（以上用于官长）　筹安　筹祺　财安　财祺（以上用于商界）　文祺　吟安　撰祉　箸安（以上用于文人）　旅安　旅祺　旅佳　羁安（以上用于客旅）　孝履　礼安　素安（以上用于守制）　日禧　早安　午安　晚安（以上用于即日）　年禧　新禧　新祉　新祺（以上用于贺年）　节禧　节祺　节祉（以上用于贺节）

（一八）按尾语

不宣　不一　不尽　不既　不悉　不庄　不戬　不戢　不备　不具

（一九）具名语

跪禀（用于父母）　叩禀　谨禀　叩上　谨上（以上用于尊长）　敬启　手启　拜手　顿首　上言　拜上（以上用于平辈）　此谕　此示　此字　此白（以上用于卑幼）

（二〇）补述语

再禀者　又禀者（以上用于尊长）　再启者　又启者（以上用于平辈）

国家新闻出版广电总局
首届向全国推荐中华优秀传统文化普及图书

‖大家小书书目

国学救亡讲演录	章太炎　著　蒙　木　编
门外文谈	鲁　迅　著
经典常谈	朱自清　著
语言与文化	罗常培　著
习坎庸言校正	罗　庸　著　杜志勇　校注
鸭池十讲（增订本）	罗　庸　著　杜志勇　编订
古代汉语常识	王　力　著
国学概论新编	谭正璧　编著
文言尺牍入门	谭正璧　著
日用交谊尺牍	谭正璧　著
敦煌学概论	姜亮夫　著
训诂简论	陆宗达　著
金石丛话	施蛰存　著
常识	周有光　著　叶　芳　编
文言津逮	张中行　著
经学常谈	屈守元　著
国学讲演录	程应镠　著
英语学习	李赋宁　著
中国字典史略	刘叶秋　著
语文修养	刘叶秋　著
笔祸史谈丛	黄　裳　著
古典目录学浅说	来新夏　著
闲谈写对联	白化文　著
汉字知识	郭锡良　著
怎样使用标点符号（增订本）	苏培成　著
汉字构型学讲座	王　宁　著

诗境浅说	俞陛云　著
唐五代词境浅说	俞陛云　著
北宋词境浅说	俞陛云　著
南宋词境浅说	俞陛云　著
人间词话新注	王国维　著　滕咸惠　校注
苏辛词说	顾　随　著　陈　均　校
诗论	朱光潜　著
唐五代两宋词史稿	郑振铎　著
唐诗杂论	闻一多　著
诗词格律概要	王　力　著
唐宋词欣赏	夏承焘　著
槐屋古诗说	俞平伯　著
词学十讲	龙榆生　著
词曲概论	龙榆生　著
唐宋词格律	龙榆生　著
楚辞讲录	姜亮夫　著
读词偶记	詹安泰　著
中国古典诗歌讲稿	浦江清　著 浦汉明　彭书麟　整理
唐人绝句启蒙	李霁野　著
唐宋词启蒙	李霁野　著
唐诗研究	胡云翼　著
风诗心赏	萧涤非　著　萧光乾　萧海川　编
人民诗人杜甫	萧涤非　著　萧光乾　萧海川　编
唐宋词概说	吴世昌　著
宋词赏析	沈祖棻　著
唐人七绝诗浅释	沈祖棻　著
道教徒的诗人李白及其痛苦	李长之　著
英美现代诗谈	王佐良　著　董伯韬　编
闲坐说诗经	金性尧　著
陶渊明批评	萧望卿　著

古典诗文述略	吴小如　著
诗的魅力 ——郑敏谈外国诗歌	郑　敏　著
新诗与传统	郑　敏　著
一诗一世界	邵燕祥　著
舒芜说诗	舒　芜　著
名篇词例选说	叶嘉莹　著
汉魏六朝诗简说	王运熙　著　董伯韬　编
唐诗纵横谈	周勋初　著
楚辞讲座	汤炳正　著 汤序波　汤文瑞　整理
好诗不厌百回读	袁行霈　著
山水有清音 ——古代山水田园诗鉴要	葛晓音　著
红楼梦考证	胡　适　著
《水浒传》考证	胡　适　著
《水浒传》与中国社会	萨孟武　著
《西游记》与中国古代政治	萨孟武　著
《红楼梦》与中国旧家庭	萨孟武　著
《金瓶梅》人物	孟　超　著　张光宇　绘
水泊梁山英雄谱	孟　超　著　张光宇　绘
水浒五论	聂绀弩　著
《三国演义》试论	董每戡　著
《红楼梦》的艺术生命	吴组缃　著　刘勇强　编
《红楼梦》探源	吴世昌　著
《西游记》漫话	林　庚　著
史诗《红楼梦》	何其芳　著 王叔晖　图　蒙　木　编
细说红楼	周绍良　著
红楼小讲	周汝昌　著　周伦玲　整理

曹雪芹的故事	周汝昌　著　周伦玲　整理
古典小说漫稿	吴小如　著
三生石上旧精魂 ——中国古代小说与宗教	白化文　著
《金瓶梅》十二讲	宁宗一　著
中国古典小说十五讲	宁宗一　著
古体小说论要	程毅中　著
近体小说论要	程毅中　著
《聊斋志异》面面观	马振方　著
《儒林外史》简说	何满子　著
我的杂学	周作人　著　张丽华　编
写作常谈	叶圣陶　著
中国骈文概论	瞿兑之　著
谈修养	朱光潜　著
给青年的十二封信	朱光潜　著
论雅俗共赏	朱自清　著
文学概论讲义	老　舍　著
中国文学史导论	罗　庸　著　杜志勇　辑校
给少男少女	李霁野　著
古典文学略述	王季思　著　王兆凯　编
古典戏曲略说	王季思　著　王兆凯　编
鲁迅批判	李长之　著
唐代进士行卷与文学	程千帆　著
说八股	启　功　张中行　金克木　著
译余偶拾	杨宪益　著
文学漫识	杨宪益　著
三国谈心录	金性尧　著
夜阑话韩柳	金性尧　著
漫谈西方文学	李赋宁　著
历代笔记概述	刘叶秋　著

周作人概观	舒　芜　著
古代文学入门	王运熙　著　董伯韬　编
有琴一张	资中筠　著
中国文化与世界文化	乐黛云　著
新文学小讲	严家炎　著
回归，还是出发	高尔泰　著
文学的阅读	洪子诚　著
中国文学1949—1989	洪子诚　著
鲁迅作品细读	钱理群　著
中国戏曲	么书仪　著
元曲十题	么书仪　著
唐宋八大家 ——古代散文的典范	葛晓音　选译
辛亥革命亲历记	吴玉章　著
中国历史讲话	熊十力　著
中国史学入门	顾颉刚　著　何启君　整理
秦汉的方士与儒生	顾颉刚　著
三国史话	吕思勉　著
史学要论	李大钊　著
中国近代史	蒋廷黻　著
民族与古代中国史	傅斯年　著
五谷史话	万国鼎　著　徐定懿　编
民族文话	郑振铎　著
史料与史学	翦伯赞　著
秦汉史九讲	翦伯赞　著
唐代社会概略	黄现璠　著
清史简述	郑天挺　著
两汉社会生活概述	谢国桢　著
中国文化与中国的兵	雷海宗　著
元史讲座	韩儒林　著

魏晋南北朝史稿	贺昌群　著
汉唐精神	贺昌群　著
海上丝路与文化交流	常任侠　著
中国史纲	张荫麟　著
两宋史纲	张荫麟　著
北宋政治改革家王安石	邓广铭　著
从紫禁城到故宫 ——营建、艺术、史事	单士元　著
春秋史	童书业　著
明史简述	吴　晗　著
朱元璋传	吴　晗　著
明朝开国史	吴　晗　著
旧史新谈	吴　晗　著　习　之　编
史学遗产六讲	白寿彝　著
先秦思想讲话	杨向奎　著
司马迁之人格与风格	李长之　著
历史人物	郭沫若　著
屈原研究（增订本）	郭沫若　著
考古寻根记	苏秉琦　著
舆地勾稽六十年	谭其骧　著
魏晋南北朝隋唐史	唐长孺　著
秦汉史略	何兹全　著
魏晋南北朝史略	何兹全　著
司马迁	季镇淮　著
唐王朝的崛起与兴盛	汪　篯　著
南北朝史话	程应镠　著
二千年间	胡　绳　著
论三国人物	方诗铭　著
辽代史话	陈　述　著
考古发现与中西文化交流	宿　白　著
清史三百年	戴　逸　著

清史寻踪	戴　逸　著
走出中国近代史	章开沅　著
中国古代政治文明讲略	张传玺　著
艺术、神话与祭祀	张光直　著 刘　静　乌鲁木加甫　译
中国古代衣食住行	许嘉璐　著
辽夏金元小史	邱树森　著
中国古代史学十讲	瞿林东　著
历代官制概述	瞿宣颖　著
宾虹论画	黄宾虹　著
中国绘画史	陈师曾　著
和青年朋友谈书法	沈尹默　著
中国画法研究	吕凤子　著
桥梁史话	茅以升　著
中国戏剧史讲座	周贻白　著
中国戏剧简史	董每戡　著
西洋戏剧简史	董每戡　著
俞平伯说昆曲	俞平伯　著　陈　均　编
新建筑与流派	童　寯　著
论园	童　寯　著
拙匠随笔	梁思成　著　林　洙　编
中国建筑艺术	梁思成　著　林　洙　编
沈从文讲文物	沈从文　著　王　风　编
中国画的艺术	徐悲鸿　著　马小起　编
中国绘画史纲	傅抱石　著
龙坡谈艺	台静农　著
中国舞蹈史话	常任侠　著
中国美术史谈	常任侠　著
说书与戏曲	金受申　著
世界美术名作二十讲	傅　雷　著

中国画论体系及其批评	李长之　著
金石书画漫谈	启　功　著　赵仁珪　编
吞山怀谷 ——中国山水园林艺术	汪菊渊　著
故宫探微	朱家溍　著
中国古代音乐与舞蹈	阴法鲁　著　刘玉才　编
梓翁说园	陈从周　著
旧戏新谈	黄　裳　著
民间年画十讲	王树村　著　姜彦文　编
民间美术与民俗	王树村　著　姜彦文　编
长城史话	罗哲文　著
天工人巧 ——中国古园林六讲	罗哲文　著
现代建筑奠基人	罗小未　著
世界桥梁趣谈	唐寰澄　著
如何欣赏一座桥	唐寰澄　著
桥梁的故事	唐寰澄　著
园林的意境	周维权　著
万方安和 ——皇家园林的故事	周维权　著
乡土漫谈	陈志华　著
现代建筑的故事	吴焕加　著
中国古代建筑概说	傅熹年　著
简易哲学纲要	蔡元培　著
大学教育	蔡元培　著 北大元培学院　编
老子、孔子、墨子及其学派	梁启超　著
春秋战国思想史话	嵇文甫　著
晚明思想史论	嵇文甫　著
新人生论	冯友兰　著

中国哲学与未来世界哲学	冯友兰　著
谈美	朱光潜　著
谈美书简	朱光潜　著
中国古代心理学思想	潘　菽　著
新人生观	罗家伦　著
佛教基本知识	周叔迦　著
儒学述要	罗　庸　著　杜志勇　辑校
老子其人其书及其学派	詹剑峰　著
周易简要	李镜池　著　李铭建　编
希腊漫话	罗念生　著
佛教常识答问	赵朴初　著
维也纳学派哲学	洪　谦　著
大一统与儒家思想	杨向奎　著
孔子的故事	李长之　著
西洋哲学史	李长之　著
哲学讲话	艾思奇　著
中国文化六讲	何兹全　著
墨子与墨家	任继愈　著
中华慧命续千年	萧萐父　著
儒学十讲	汤一介　著
汉化佛教与佛寺	白化文　著
传统文化六讲	金开诚　著　金舒年　徐令缘　编
美是自由的象征	高尔泰　著
艺术的觉醒	高尔泰　著
中华文化片论	冯天瑜　著
儒者的智慧	郭齐勇　著
中国政治思想史	吕思勉　著
市政制度	张慰慈　著
政治学大纲	张慰慈　著
民俗与迷信	江绍原　著　陈泳超　整理

政治的学问	钱端升　著　钱元强　编
从古典经济学派到马克思	陈岱孙　著
乡土中国	费孝通　著
社会调查自白	费孝通　著
怎样做好律师	张思之　著　孙国栋　编
中西之交	陈乐民　著
律师与法治	江　平　著　孙国栋　编
中华法文化史镜鉴	张晋藩　著
新闻艺术（增订本）	徐铸成　著
经济学常识	吴敬琏　著　马国川　编

中国化学史稿	张子高　编著
中国机械工程发明史	刘仙洲　著
天道与人文	竺可桢　著　施爱东　编
中国医学史略	范行准　著
优选法与统筹法平话	华罗庚　著
数学知识竞赛五讲	华罗庚　著
中国历史上的科学发明（插图本）	钱伟长　著

出版说明

“大家小书”多是一代大家的经典著作，在还属于手抄的著述年代里，每个字都是经过作者精琢细磨之后所拣选的。为尊重作者写作习惯和遣词风格、尊重语言文字自身发展流变的规律，为读者提供一个可靠的版本，“大家小书”对于已经经典化的作品不进行现代汉语的规范化处理。

提请读者特别注意。

北京出版社